体育运动

蹦床 艺术体操
BENGCHUANG YISHU TICAO

主编 付永哲 卢亮 赵锦锦 张薇

走进**大自然**
走到**阳光**下
养成**体育锻炼**
好习惯

吉林出版集团股份有限公司 全国百佳图书出版单位

图书在版编目（CIP）数据

蹦床 艺术体操 / 付永哲等主编.—长春：吉林出版集团股份有限公司，2011.6（2024.1 重印）
ISBN 978-7-5463-5719-5

Ⅰ．①蹦… Ⅱ．①付… Ⅲ．①弹网—青年读物②艺术体操—青年读物 Ⅳ．①G838-49②G834-49

中国版本图书馆 CIP 数据核字（2011）第 117604 号

蹦床 艺术体操

主编 付永哲　卢亮　赵锦锦　张薇
责任编辑 赵萍
出版发行 吉林出版集团股份有限公司
印刷 三河市同力彩印有限公司
版次 2011 年 7 月第 1 版　2024 年 1 月第 8 次印刷
开本 787mm×1092mm 1/16　印张 10　字数 100 千
地址 吉林省长春市福祉大路 5788 号　邮编 130000
电话 0431-81629968
电子邮箱 11915286@qq.com
书号 ISBN 978-7-5463-5719-5
定价 45.80 元

版权所有　翻印必究
如有印装质量问题，请寄本社退换

《体育运动》编委会

主　　任　宛祝平

编　　委　支二林　方志军　王宇峰　王晓磊　冯晓杰
　　　　　田云平　兴树森　刘云发　刘延军　孙建华
　　　　　曲跃年　吴海宽　张　强　张少伟　张铁民
　　　　　李　刚　李伟亮　李志坚　杨雨龙　杨柏林
　　　　　苏晓明　邹　宁　陈　刚　岳　言　郑风家
　　　　　宫本庄　赵权忠　赵利明　赵锦锦　潘永兴

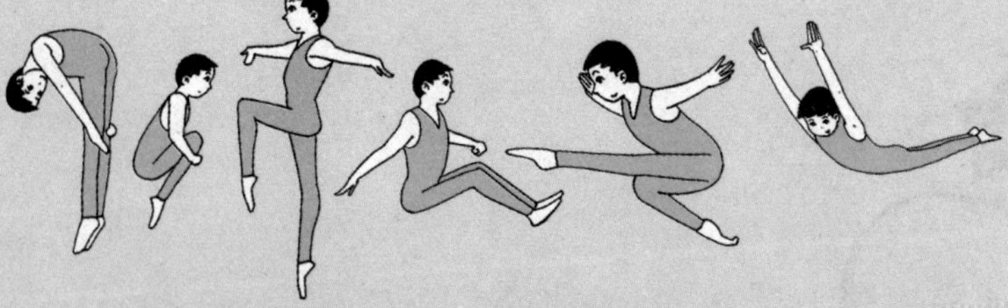

目录 CONTENTS

蹦床

第一章 运动保护
第一节 生理卫生 ………………………… 2
第二节 运动前准备 ……………………… 3
第三节 运动后放松 ……………………… 8
第四节 恢复养护 ………………………… 10

第二章 蹦床概述
第一节 起源与发展 ……………………… 12
第二节 特点与价值 ……………………… 13

第三章 蹦床场地和装备
第一节 场地 ……………………………… 18
第二节 装备 ……………………………… 20

第四章 蹦床基本功训练与人体基本活动能力开发
第一节 身体素质训练 …………………… 24
第二节 人体基本活动能力开发 ………… 38

第五章 蹦床基本技术
第一节 横轴翻转技术 …………………… 54
第二节 纵轴单周转体技术 ……………… 59
第三节 网上规定动作 …………………… 60

1

目录 CONTENTS

第六章 蹦床比赛规则
第一节 程序 …………………………………… 64
第二节 裁判 …………………………………… 64

艺术体操

第七章 艺术体操概述
第一节 起源与发展 …………………………… 68
第二节 特点与价值 …………………………… 69

第八章 艺术体操场地、器材和装备
第一节 场地 …………………………………… 74
第二节 器材 …………………………………… 74
第三节 装备 …………………………………… 77

第九章 艺术体操基本技术
第一节 徒手练习 ……………………………… 80
第二节 把杆动作 ……………………………… 87
第三节 徒手动作 ……………………………… 92
第四节 球操 …………………………………… 107
第五节 圈操 …………………………………… 118

目录 CONTENTS

第六节 带操 …………………………………… 132
第七节 绳操 …………………………………… 138
第十章 艺术体操比赛规则
第一节 程序 …………………………………… 148
第二节 裁判 …………………………………… 149

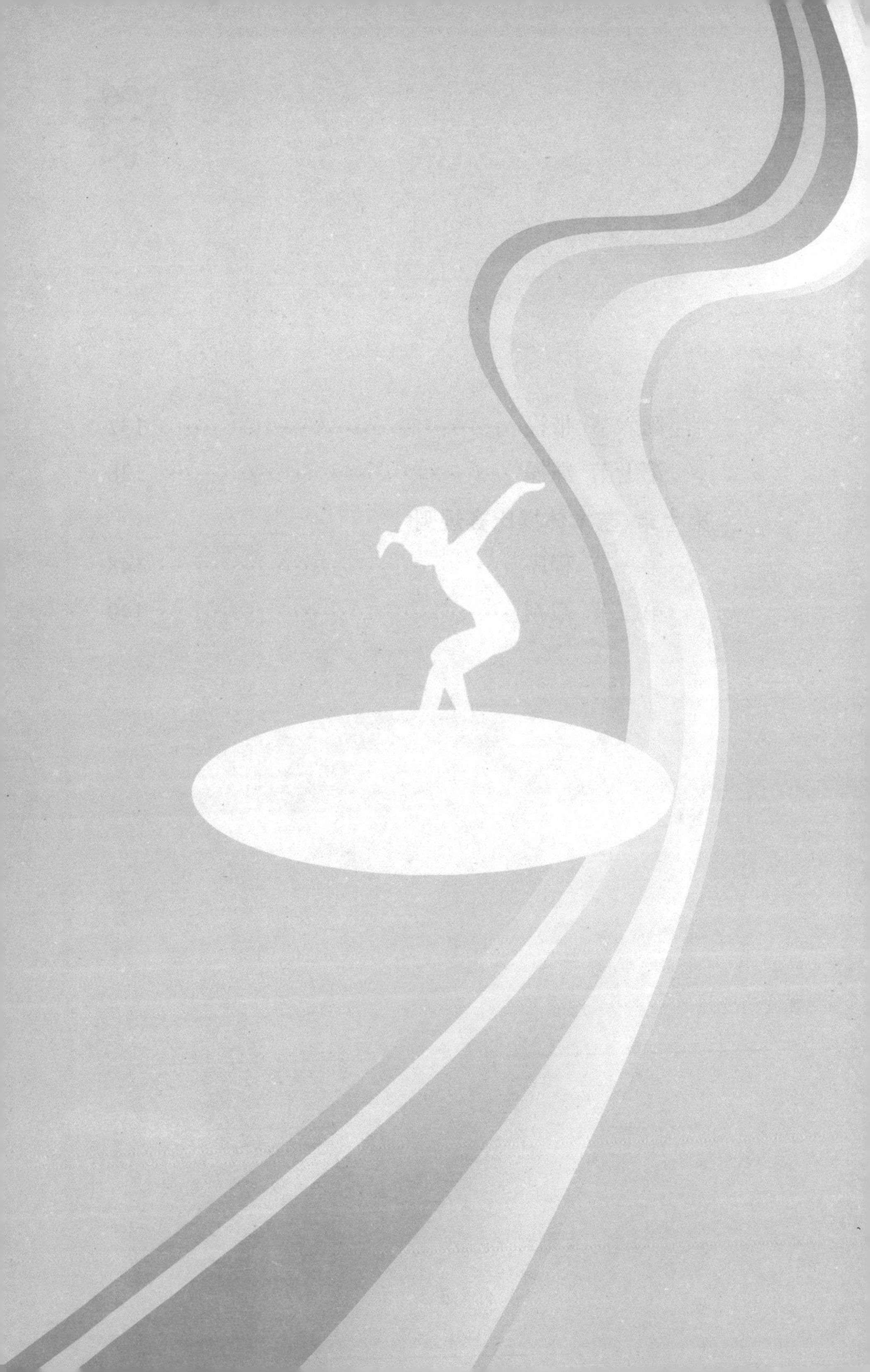

蹦床

第一章 运动保护

"生命在于运动",但是盲目、不科学的运动非但不能起到强身健体的作用,反而会给身体带来一定的伤害。只有掌握体育锻炼的一般性生理卫生知识,科学地进行体育锻炼,才能起到健身强体的作用。

第一节 生理卫生

青少年在进行运动时,除了应进行一般性的身体检查和必要的咨询外,还要注意培养运动兴趣和把握适当的运动强度。

一、培养运动兴趣

在进行运动前,必须培养自己对体育运动的兴趣。培养兴趣的方法有很多,如观看体育比赛,与同学、朋友进行体育比赛等。有了浓厚的兴趣,就能自觉地投入体育运动之中,从而达到理想的体育锻炼效果。

二、把握运动强度

因为青少年进行体育运动,主要是在享受体育运动的过程中增强体质,提高健康水平,而不仅是为了创造运动成绩,所以运动强度不宜过大。控制运动强度最简单的办法是测定运动时的脉搏。对青少年来说,运动时的脉搏控制在每分钟140次左右较为合适。

第二节 运动前准备

运动前进行充分的准备活动，对于青少年来说是非常重要的。一些青少年体育运动爱好者，常常不重视运动前的准备活动，导致各种运动损伤，影响运动效果，也容易失去对体育运动的兴趣，甚至对体育运动产生畏惧心理。因此，青少年在进行体育运动前，必须做好充分的准备活动。

一、准备活动的作用

运动前做好充分的准备活动能够对肌肉、内脏器官有很大的保护作用，同时还可以提前调节运动时的心理状态。

（一）提高肌肉温度，预防运动损伤

运动前进行一定强度的准备活动，不仅可以使肌肉内的代谢过程加强，温度增高，血液黏滞性下降，提高肌肉的收缩和舒张速度，增强肌力，同时还可以增加肌肉、韧带的弹性和伸展性，减少由于肌肉剧烈收缩而造成的运动损伤。

（二）提高内脏器官的功能水平

内脏器官的功能特点之一就是生理惰性较大，即当活动开始、肌肉发挥最大功能水平时，内脏器官并不能立刻进入

最佳活动状态。

（三）调节心理状态

青少年进行体育锻炼不仅是身体活动，同时也是心理活动。研究证明，心理活动在体育锻炼中起着非常重要的作用。体育锻炼前的准备活动，可以起到心理调节的作用，即接通各运动中枢间的神经联系，使大脑皮层处于最佳兴奋状态。

二、如何进行准备活动

一般来说，准备活动主要应考虑内容、时间和运动量等问题。

（一）内容

准备活动可分为一般准备活动和专项准备活动。一般准备活动主要是一些全身性的身体练习，如跑步、踢腿、弯腰等。一般准备活动的作用在于提高整体的代谢水平和大脑皮层的兴奋状态，减少运动损伤的发生。专项准备活动是指与所从事的体育锻炼内容相适应的动作练习。

下面介绍一套一般准备活动操，供青少年运动前使用。这套活动操主要包括头部运动、肩部运动、扩胸运动、体侧运动、体转运动、髋部运动和踢腿运动等。

1. 头部运动

头部运动的动作方法(见图1-2-1)是：

两手叉腰，两脚左右开立，做头部向前、向后、向左、向右，以及绕环运动。

2. 肩部运动

肩部运动的动作方法(见图1-2-2)是：

手扶肩部，屈臂向前、向后绕环，以及直臂绕环。

3. 扩胸运动

扩胸运动的动作方法(见图1-2-3)是：

屈臂向后振动及直臂向后振动。

4. 体侧运动

体侧运动的动作方法(见图1-2-4)是：

两脚左右开立，一手叉腰，另一臂上举，并随上体向对侧振动。

5. 体转运动

体转运动的动作方法(见图1-2-5)是：

两脚左右开立，两臂体前屈，身体向左、向右有节奏地扭转。

6. 髋部运动

髋部运动的动作方法(见图1-2-6)是：

两脚左右开立，两手叉腰，髋关节放松，向左、向右各做360°旋转。

7. 踢腿运动

踢腿运动的动作方法(见图1-2-7)是：

两臂上举后振，同时一腿向后半步，然后两臂下摆后振，同时向前上方踢腿。

图 1-2-1

图 1-2-2

图 1-2-3

YUNDONG BAOHU 运动保护

图 1—2—4

图 1—2—5

图 1—2—6

图 1-2-7

(二)时间和运动量

准备活动的时间和运动量随体育锻炼的内容和量而定,由于以健身为目的的体育运动量较小,因此准备活动的量也相对较小,时间也不宜过长,否则,还未进行体育锻炼身体就疲劳了。半小时的体育锻炼,准备活动时间一般以10分钟左右为宜。

第三节 运动后放松

进行剧烈的体育运动后,有些青少年习惯坐在地上,或是直接躺下来休息,认为这样可以快速消除疲劳。其实不然,这样做的结果不仅不能尽快地恢复身体功能,反而会对身体产生不良影响,正确的做法应该是运动后做一些整理活动,放松身体。

一、运动后整理活动的必要性

运动后的整理活动不但可以避免头晕等症状,还可以有效地消除疲劳。

(一)避免头晕

人体在停止运动后,如果停下来不动,或是坐下来休息,静脉血管失去了骨骼肌的节律性收缩,血液会由于受重力作用滞留在下肢静脉血管中,导致回心血量减少,心血输出量下降,造成暂时性脑缺血,出现头晕、眼前发黑等一系列症状,严重者甚至会出现休克。为了避免这些症状的发生,整理活动是非常必要的。

(二)消除疲劳

除了避免头晕等症状的发生,运动后的整理活动还可以改善血液循环状态,达到快速消除疲劳的目的。

二、放松方法

在运动后放松时,应注意以下几个问题:
(1)做一些放松跑、放松走等形式的下肢运动,促进下肢静脉血的回流,防止体育锻炼后心血输出量的过度下降;
(2)在下肢活动后进行上肢整理活动,右臂活动后做左臂的整

理活动,通过这种积极性休息,使身体机能得到尽快恢复。

(3)整理活动的量不要过大,否则整理活动又会引起新的疲劳;

(4)在进行整理活动时,应当保持心情舒畅、精神愉快。

第四节 恢复养护

人体在运动后,除采用休息和积极性体育手段加速身体功能的恢复外,还可以根据体育运动的特点,补充不同的营养物质,以尽快消除疲劳。

体育运动结束后,人体内会产生一种叫作乳酸的酸性物质,它的积累会造成肌体的疲劳,使恢复时间延长。所以,我们在体育运动后,应多补充一些碱性食物,如蔬菜、水果等,而动物性蛋白等肉类食品偏"酸",在运动后的当天可适当减少摄入。

第二章 蹦床概述

被誉为"空中芭蕾"的蹦床运动是 2000 年悉尼奥运会的正式比赛项目。蹦床运动在我国虽然只开展了短短五六年时间,但其技术水平却已取得了突飞猛进的发展。

第一节 起源与发展

蹦床运动最初是 19 世纪中叶北美的科曼契印第安人发明的。在此之后蹦床运动不断发展,技术不断更新,目前已被列为奥运会正式比赛项目。

一、起源

现代弹性蹦床的开创者是法国杂技演员特朗波兰,他用麻绳编制成保护网,以加强"空中秋千飞人"的安全性,并利用网的弹性将演员抛入空中,完成各种动作。

20 世纪 30 年代,美国跳水冠军尼森制作出类似今天的蹦床的器具,用来帮助自己的跳水与翻转训练。第二次世界大战期间,美国利用蹦床训练飞行员和领航员的定位技能,收到良好效果。之后蹦床又逐渐发展成为一项体育运动,并在美国的中学、大学广泛开展。

二、发展

随着蹦床运动的普及，蹦床比赛开始出现。1947年，美国在得克萨斯州举行首届全国蹦床表演赛。1948年起，蹦床被列入正式比赛项目，后传入欧洲。1958年，英国开始举行全英蹦床锦标赛。1964年，首届世界蹦床锦标赛在伦敦举行。1969年，首届欧洲蹦床锦标赛在法国巴黎举行。2000年第27届奥运会，蹦床成为奥运会正式比赛项目。

我国早在20世纪50年代，就已经使用蹦床作为辅助训练器械，但直到90年代中期以前，蹦床一直没有成为一个独立的正式比赛项目。

1997年11月12日，原中央体委正式下发了《国家体育运动委员会关于在我国开展蹦床运动的通知》，这标志着蹦床运动在我国成为一项正式的比赛项目，蹦床运动从此在我国蓬勃开展起来。

第二节 特点与价值

蹦床运动虽然是属于体操运动的一种，但也具有自身的特点与价值。

一、特点

(一)腾空高

由于蹦床器械的结构特点,在练习时所获得的腾起高度平均在 5 米左右,最高可达 8 米,大大超出了竞技体操和技巧中空翻的高度。

(二)动作准

蹦床只具有一定的有效翻腾面积,而且要连续完成 10 个高难动作,对完成动作的方向、姿态、速度,以及弹起的角度和方法等都有相当精确的要求。

(三)难度大

在蹦床练习和比赛时,起弹初速度大,腾起高,滞空时间长,需完成许多高难度的动作,如 1080°旋、三周旋、四周转体 180°、1440°旋和 1080°直体旋等。

二、价值

(一)全民健身

在许多国家,蹦床已经成为一项体育休闲娱乐运动。在大众体育运动中,作为健身手段,蹦床运动被广泛采用,尤其受到青少年的欢迎。

(二)发展身体素质

在练习蹦床时,练习者可以根据不同目的、任务,以及各自的身体状况选择不同的内容。可以将提高肌肉和韧带的伸展性与弹性、扩大关节活动范围作为直接目标。蹦床运动的项目特点决定了它在发展身体素质中的重要价值。

(三)提高活动能力

蹦床运动是一项把提高身体活动能力、增进健康水平作为直接目标的体育运动。蹦床运动中的各种基本练习、韵律蹦床练习、实用性蹦床练习等都是发展身体活动能力的有效方法。蹦床运动开发身体活动能力的练习,主要是根据走、跑、跳等运动时的特点,从不同角度进行变化、发展,从而成为提高人体基本活动能力的有效手段。

(四)塑造健美形体

蹦床运动对塑造健美的形体具有独特功效,其中的许多内容是塑造健美形体有效手段。形体美的关键是身体匀称,线条优美。通过跳跃、踢腿等练习,可以促进下肢肌肉的发达,长期锻炼,可以使骨骼、关节、肌肉和韧带发生一定的适应性变化,从而使形体更加健美。

第三章 蹦床场地和装备

  蹦床运动对场地和装备的要求都比较高。高质量的场地和装备是开展蹦床运动的前提，是有效训练的基本保证，也是保证训练者安全的必要条件。

第一节 场地

蹦床是属于体操运动的一种,对场地的要求比较高,一般是在体操的比赛场地进行,体操比赛完成后,把蹦床搭在上面进行比赛。

一、规格

场地长12米,宽12米。

二、设施

(一)构造

(1)蹦床的边框由金属制成,周围用112根弹簧连接,长端设有保护台;

(2)弹网用尼龙或其他类似的韧性材料制成,在蹦床两边的边框上分别铺有垫子,具有保护作用。

(二)分类

1.比赛用蹦床(见图3-1-1)

比赛用蹦床框架长5米,宽3米,高1.15~1.2米,网长4.28米,宽2.14米。

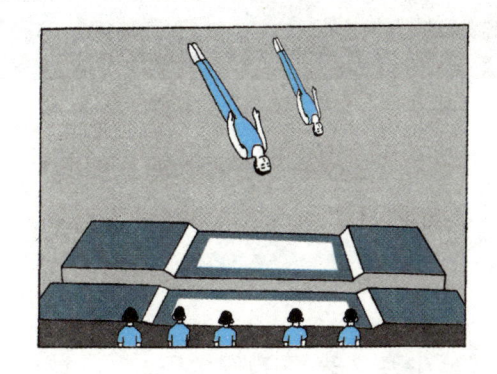

图 3-1-1

2.小型双蹦床(见图3-1-2)

小型双蹦床长2.85米,宽0.72米,高0.43~0.6米。

图 3-1-2

3.单跳蹦床(见图 3-1-3)

单跳蹦床长 2.5 米,宽 1.8 米,高 0.2 米。

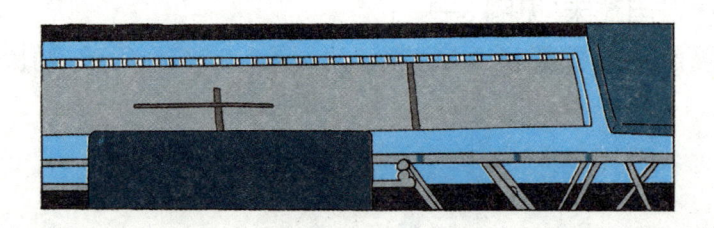

图 3-1-3

三、要求

(1)场地周围至少有 2 米宽的安全区。
(2)应设两个场地,以便选手比赛前适应网性。

第二节 装备

蹦床运动装备与体操运动装备基本相同。

一、蹦床服

蹦床服均为纯棉紧身运动服,多为一体式服装(见图 3-2-1)。

图 3-2-1

二、蹦床鞋

蹦床鞋与体操专用鞋相同，底子薄，面小，无系带（见图 3-2-2）。

图 3-2-2

三、蹦床袜

蹦床袜多为白色,袜腰不应太高,通常到脚踝处即可(见图3-2-3)。

图3-2-3

第四章 蹦床基本功训练与人体基本活动能力开发

蹦床运动的基本功是初学者必须掌握的基础技能,是为更好地掌握蹦床的技法,发展某项专门素质的基础功法练习,该基本功练习内容丰富、形式多样。

第一节 身体素质训练

身体素质训练主要是指几种通过体操锻炼，能够达到明显效果的锻炼方法，包括灵敏素质训练、力量素质训练和柔韧素质训练等。

一、灵敏素质训练

灵敏素质训练包括徒手训练和轻器械训练。

(一)徒手训练

徒手训练包括并腿节奏跳、连续腿摆动、"8"字节奏跳和双人倒立背起等。

1. 并腿节奏跳

并腿节奏跳的动作方法(见图 4-1-1)是：两腿并拢，进行有节奏的弹跳练习。

图 4-1-1

2. 连续腿摆动

连续腿摆动的动作方法（见图 4-1-2）是：

一腿进行有节奏的前后摆动，另一腿协调配合。

图 4-1-2

3. "8"字节奏跳

"8"字节奏跳的动作方法（见图 4-1-3）是：

（1）一人俯卧呈"大"字形，另一人做越过其身体的有节奏的"8"字跳；

（2）做"8"字跳时，右腿应踏在 1、3、5、7 位置上，左腿应踏在 2、4、6、8 的位置上。

图 4-1-3

4. 双人倒立背起

双人倒立背起的动作方法（见图 4-1-4）是：

一人倒立，另一人背对其站立，并用双手握住倒立者双脚，用后背将其背起，使其翻越至前方。

图 4-1-4

(二)轻器械训练

轻器械训练包括不同部位连续拍球、不同部位连续弹球、横向移动跳绳和双人交换跳绳等。

1. 不同部位连续拍球

不同部位连续拍球的动作方法（见图 4-1-5）是：用手、肘、足等不同部位进行连续拍球。

图 4-1-5

2.不同部位连续弹球

不同部位连续弹球的动作方法(见图 4-1-6)是：用膝、头、足等不同部位进行连续弹球。

图 4-1-6

3.横向移动跳绳

横向移动跳绳的动作方法(见图 4-1-7)是：单人向左或向右横向移动跳绳。

图 4-1-7

4.双人交换跳绳

双人交换跳绳的动作方法(见图 4-1-8)是：两人一同摇绳，交换跳绳。

图 4-1-8

二、力量素质训练

力量素质训练包括徒手训练和器械训练。

(一) 徒手训练

徒手训练包括发展上肢及肩背力量、发展腹背肌力量和发展下肢力量等。

1. 发展上肢及肩背力量

跪撑臂屈伸

跪撑臂屈伸的动作方法（见图 4-1-9）是：由跪撑开始，通过臂屈伸使身体前后移动。

图 4-1-9

俯卧撑

俯卧撑的动作方法（见图 4-1-10）是：
卧撑，臂屈伸。

图 4-1-10

俯卧撑推起

俯卧撑推起的动作方法（见图 4-1-11）是：
做俯卧撑时，利用手臂的力量将身体推起离地。

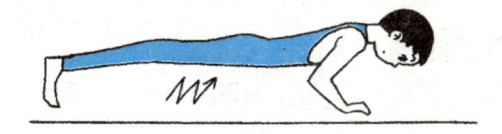

图 4-1-11

推小车

推小车的动作方法（见图 4-1-12）是：
两腿被同伴抬起，两臂支撑向前爬行，两人交替进行。

图 4-1-12

2. 发展腹背肌力量

仰卧两头起

仰卧两头起的动作方法（见图 4-1-13）是：仰卧，两腿、上体同时向上抬起。

图 4-1-13

俯卧两头翘起

俯卧两头翘起的动作方法（见图 4-1-14）是：俯卧，两腿、上体同时向上翘起。

图 4-1-14

双人仰卧起坐

双人仰卧起坐的动作方法（见图 4-1-15）是：两人脚与脚钩住，同时抬起上体。

图 4-1-15

俯卧起上体

俯卧起上体的动作方法（见图 4-1-16）是：一人俯卧，上体向上抬起，另一人按住其腿。

图 4-1-16

3. 发展下肢力量

单腿蹲起

单腿蹲起的动作方法（见图 4-1-17）是：一腿前举，另一腿支撑，进行蹲起练习。

图 4-1-17

交换腿蹲

交换腿蹲的动作方法（见图 4-1-18）是：
一腿蹲，另一腿侧伸，重心在蹲撑腿，两腿交换进行。

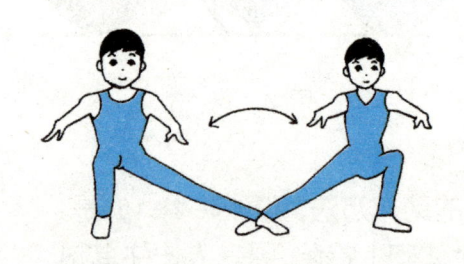

图 4-1-18

单腿跳

单腿跳的动作方法（见图 4-1-19）是：
连续单腿跳，两腿交换进行。

图 4-1-19

双人摆腿蹲起

双人摆腿蹲起的动作方法（见图 4-1-20）是：
两人手拉手，一腿蹲撑，另一腿前举，随着蹲撑腿站起，前举腿后摆。

图 4-1-20

双人跳

双人跳的动作方法（见图 4-1-21）是：

两人相对，一手握住对方一条腿，另一手与对方手相握，连续跳动。

图 4-1-21

仰卧蹬伸

仰卧蹬伸的动作方法（见图 4-1-22）是：

仰卧人一腿伸直，另一腿抬起，用脚蹬住同伴身体，进行蹬伸练习。

图 4-1-22

(二)器械训练

器械训练包括发展上肢及肩背力量和发展腹背肌力量。

1. 发展上肢及肩背力量

引体向上

引体向上的动作方法(见图 4-1-23)是:
在单杠或高低杠上进行,由悬垂开始,屈臂引体向上。

图 4-1-23

摆动臂屈伸

摆动臂屈伸的动作方法(见图 4-1-24)是:
在双杠上做臂屈伸练习。

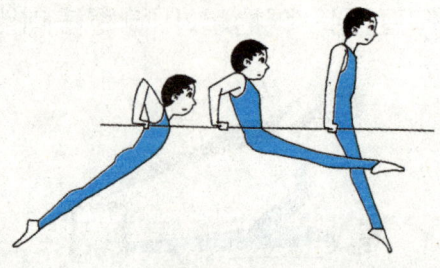

图 4-1-24

向上攀握

向上攀握的动作方法（见图 4-1-25）是：

正对单杠肋木悬垂，两手依次向上攀握。

图 4-1-25

2. 发展腹背肌力量

发展腹背肌力量可以采用悬垂举腿方法进行练习，动作方法（见图 4-1-26）是：

两手正握单杠，收腹举腿。

图 4-1-26

三、柔韧素质训练

柔韧素质训练包括颈部柔韧性训练、肩部与上肢柔韧性训练、躯干柔韧性训练和下肢柔韧性训练等。

(一)颈部柔韧性训练

颈部柔韧性训练的动作方法(见图 4-1-27)是:做头颈转动、头颈回环动作,分别从左右两侧转动。

图 4-1-27

(二)肩部与上肢柔韧性训练

肩部与上肢柔韧性训练的动作方法(见图 4-1-28)是:
(1)抓肘,向侧下方牵拉;
(2)两手手指相插,向前方伸,两腕高于肩;
(3)两臂前撑,指尖向后,身体向后移动。

图 4-1-28

(三)躯干柔韧性训练

躯干柔韧性训练的动作方法(见图 4-1-29)是：
(1)背部上下运动，跪立顶髋展胸；
(2)仰卧背伸，举腿左右摆动。

图 4-1-29

（四）下肢柔韧性训练

下肢柔韧性训练的动作方法（见图 4-1-30）是：
(1) 膝屈伸，跪立腰伸展；
(2) 弓步压腿，前后劈腿。

图 4-1-30

第二节 人体基本活动能力开发

人体基本活动能力的开发，有助于提高人体活动质量。本节主要介绍几种简单的走、跑、跳的健身方法。

一、走

走是最基本的移动方法,包括交换步、大步、抓脚步和变化步等。

(一)交换步

交换步的动作方法(见图4-2-1)是:
正常向前行走,蹲下向前走,半蹲向前走三种步法交换进行。

图 4-2-1

(二)大步

大步的动作方法(见图4-2-2)是:
双手侧平举,目视前方,向前呈弓步走。

图 4-2-2

(三)抓脚步

抓脚步的动作方法(见图4-2-3)是:
腿部弯曲,两手分别握住脚踝或抓住脚尖,向前行进。

图 4-2-3

(四)变化步

变化步包括交叉步、足尖步、足跟步和足外侧步等。

1.交叉步

交叉步的动作方法(见图4-2-4)是:
双手侧平举,双脚分别向另一只脚的斜45°方向交替行走。

图 4-2-4

2.足尖步

足尖步的动作方法(见图4-2-5)是:
双手侧平举,脚跟抬起,用脚尖着地向前行走。

图 4-2-5

3. 足跟步

足跟步的动作方法（见图 4-2-6）是：

双手侧平举，脚尖抬起，用脚跟着地向前行走。

图 4-2-6

4. 足外侧步

足外侧步的动作方法（见图 4-2-7）是：

双手侧平举，脚内侧抬起，用脚外侧着地向前行走。

图 4-2-7

二、跑

跑是另一种最基本的移动方法,包括直接跑、有辅助动作跑和跨障碍跑等。

(一)直接跑

直接跑包括高抬腿跑、后踢腿跑、曲线跑和向后跑等。

1. 高抬腿跑

高抬腿跑的动作方法(见图 4-2-8)是:

双腿交替抬高至与地面平行位置,脚面绷起,脚尖向下,向前行进。

图 4-2-8

2. 后踢腿跑

后踢腿跑的动作方法(见图 4-2-9)是:

双腿向后弯曲踢腿,向前行进。

图 4-2-9

3. 曲线跑
曲线跑的动作方法(见图 4-2-10)是：正常跑步，行进路线呈曲线。

图 4-2-10

4. 向后跑
向后跑的动作方法(见图 4-2-11)是：背对行进方向跑。

图 4-2-11

(二)有辅助动作跑

有辅助动作跑包括俯卧站立跑、"8"字跑、潜入跑和锯齿形跑等。

1. 俯卧站立跑

俯卧站立跑的动作方法(见图 4-2-12)是：
先俯卧,然后迅速站立向前冲刺。

图 4-2-12

2. "8"字跑

"8"字跑的动作方法(见图 4-2-13)是：
正常跑步,跑步线路呈"8"字形。

图 4-2-13

3.潜入跑

潜入跑的动作方法(见图4-2-14)是：

在跑步过程中,加入几次向前俯身、弯腰、抬头的向下潜入动作。

图 4-2-14

4.锯齿形跑

锯齿形跑的动作方法(见图4-2-15)是：

正常跑步,行进路线呈锯齿形。

图 4-2-15

(三)跨障碍跑

跨障碍跑包括跑步跨越跳箱和跑步跨越体操凳等。

1. 跑步跨越跳箱

跑步跨越跳箱的动作方法(见图4-2-16)是:在跑动中跨越放置的几组跳箱。

图 4-2-16

2. 跑步跨越体操凳

跑步跨越体操凳的动作方法(见图4-2-17)是:在跑动中跨越放置的几组体操凳。

图 4-2-17

三、跳

跳是一个向上腾空的动作,包括跳绳跳、有方向跳、原地跳和箱上跳等。

(一)跳绳跳

跳绳跳包括横摇跳绳和交叉摇跳绳等。

1. 横摇跳绳

横摇跳绳的动作方法(见图 4-2-18)是:

用任意手握跳绳,向身体内侧摇动,绳至体前时起跳,进行连续跳。

图 4-2-18

2. 交叉摇跳绳

交叉摇跳绳的动作方法(见图 4-2-19)是:

双手正常向前摇绳,跳绳过程中,变两手交叉摇绳。

图 4-2-19

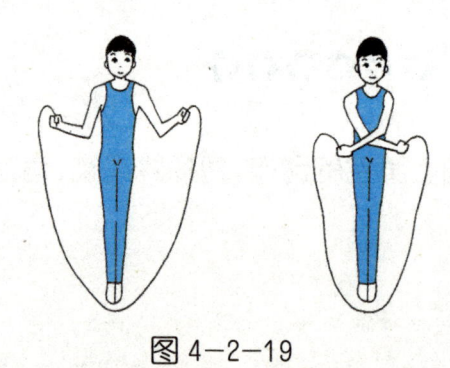

(二)有方向跳

有方向跳包括挺身跳、单脚向侧跳和双脚向前跳等。

1.挺身跳

挺身跳的动作方法(见图 4-2-20)是:
双脚并拢,起跳时向前挺身,双臂向上打开。

图 4-2-20

2.单脚向侧跳

单脚向侧跳的动作方法(见图4-2-21)是:
双脚交替向左右跳,向哪一侧跳哪一侧的脚着地。

图 4-2-21

3. 双脚向前跳

双脚向前跳的动作方法(见图 4-2-22)是：双脚并拢，向前跳，双手叉腰。

图 4-2-22

(三)原地跳

原地跳包括双脚跳、单脚跳、分腿跳和屈体跳等。

1. 双脚跳

双脚跳的动作方法（见图4-2-23）是：

双脚并拢，向上跳，起跳后大腿绷直，双手向上打开。

图4-2-23

2. 单脚跳

单脚跳的动作方法（见图4-2-24）是：

一腿向上抬至与地面平行，另一腿蹬地起跳，双手向上打开，几次之后两腿交换。

图4-2-24

3. 分腿跳

分腿跳的动作方法(见图 4-2-25)是：

起跳后双腿向两侧打开，脚尖伸直，上身向两腿贴近，双手伸向脚尖。

图 4-2-25

4. 屈体跳

屈体跳的动作方法(见图 4-2-26)是：

起跳后双腿并拢向前，脚尖伸直，上身向两腿贴近，双手伸向脚尖。

图 4-2-26

(四)箱上跳

箱上跳主要是并腿连续跳体操箱练习,动作方法(见图4-2-27)是:

原地双腿并拢,向体操箱上跳,双手向前摆动,跳到最高的体操箱后跳下。

图4-2-27

第五章 蹦床基本技术

　　基本技术是学习蹦床运动的基础,而蹦床是以技能为主要特点的比赛项目,选手的体能、心理素质等都要通过运动技术的形式体现出来。蹦床基本技术包括横轴翻转技术、纵轴单周转体技术和网上规定动作等。

第一节 横轴翻转技术

横轴翻转技术指沿着横轴进行翻转的动作,包括屈体前空翻、屈体后空翻、直体前空翻、直体后空翻、团身前空翻和团身后空翻等。

一、屈体前空翻

屈体前空翻的动作方法(见图 5-1-1)是:

(1)踏床起跳,屈膝,借助网的弹性腾空,双臂向上伸直夹住耳侧;

(2)腾空后身体保持正直,到达一定高度后,上身贴向大腿,双手抱住膝关节,双腿伸直,绷直脚尖,呈屈体;

(3)向前进行翻转,翻转一周后,上身挺起,双手打开,双臂向上伸直,夹住耳侧,两腿伸直,准备落地;

(4)在脚接触网面的同时屈膝落地,准备借助网的弹性进行下一个动作。

图 5-1-1

二、屈体后空翻

屈体后空翻的动作方法（见图 5-1-2）是：

（1）踏床起跳，屈膝，借助网的弹性腾空，双臂向上伸直，夹住耳侧；

（2）腾空后身体保持正直，到达一定高度后，上身贴向大腿，双手抱住膝关节，双腿伸直，绷直脚尖，呈屈体；

（3）向后进行翻转，翻转一周后，上身挺起，双手打开，双臂向上伸直，夹住耳侧，两腿伸直，准备落地；

（4）在脚接触网面的同时屈膝落地，准备借助网的弹性进行下一个动作。

图 5-1-2

三、直体前空翻

直体前空翻的动作方法（见图 5-1-3）是：

（1）踏床起跳，屈膝，借助网的弹性腾空，双臂向上伸直，夹住耳侧；

（2）腾空后身体保持正直，到达一定高度后，身体保持直立，双手收到身体两侧，低头进行向前翻转，翻转时身体保持一条直线，180°时呈倒立姿势，再向前翻转，呈直立；

（3）双手打开，双臂向上伸直，夹住耳侧，两腿伸直，准备落地；

(4)在脚接触网面的同时屈膝落地,准备借助网的弹性进行下一个动作。

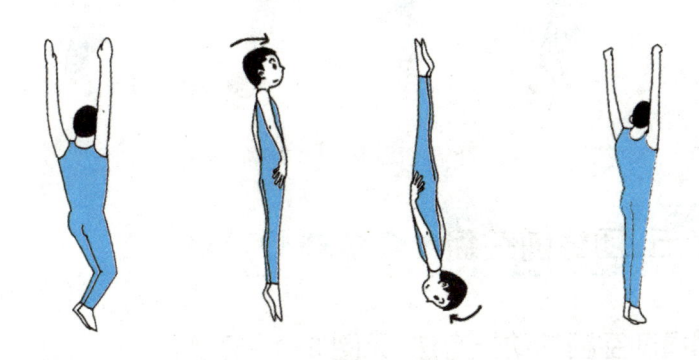

图 5—1—3

四、直体后空翻

直体后空翻的动作方法(见图 5—1—4)是:
(1)踏床起跳,屈膝,借助网的弹性腾空,双臂向上伸直,夹住耳侧;
(2)腾空后身体保持正直,到达一定高度后,身体保持直立,双手收到身体两侧,仰头进行向后翻转,翻转时身体保持一条直线,180°时呈倒立姿势,再向后翻转,呈直立;
(3)双手打开,双臂向上伸直,夹住耳侧,两腿伸直,准备落地;
(4)在脚接触网面的同时屈膝落地,准备借助网的弹性进行下一个动作。

图 5-1-4

五、团身前空翻

团身前空翻的动作方法(见图 5-1-5)是:

(1)踏床起跳,屈膝,借助网的弹性腾空,双臂向上伸直,夹住耳侧;

(2)腾空后身体保持正直,到达一定高度后,两腿夹紧屈膝,大腿贴近胸部,双手抱住小腿外侧,向前低头,头部贴近膝盖,呈团身状,向前翻转一周后身体打开,呈直立;

(3)双手打开,双臂向上伸直,夹住耳侧,两腿伸直,准备落地;

(4)在脚接触网面的同时屈膝落地,准备借助网的弹性进行下一个动作。

图 5-1-5

六、团身后空翻

团身后空翻的动作方法（见图 5-1-6）是：

（1）踏床起跳，屈膝，借助网的弹性腾空，双臂向上伸直，夹住耳侧；

（2）腾空后身体保持正直，到达一定高度后，两腿夹紧屈膝，大腿贴近胸部，双手抱住小腿外侧，向前低头，头部贴近膝盖，呈团身状，向后翻转一周后身体打开，呈直立；

（3）双手打开，双臂向上伸直，夹住耳侧，两腿伸直，准备落地；

（4）在脚接触网面的同时屈膝落地，准备借助网的弹性进行下一个动作。

图 5-1-6

第二节 纵轴单周转体技术

纵轴单周转体技术主要指以纵轴进行左右转体的动作，难度系数较高，危险性大，青少年在练习时要注意安全。

纵轴单周左(右)转体的动作方法(见图5-2-1)是：

(1)踏床起跳,屈膝,借助网的弹性腾空,双臂向上伸直,夹住耳侧;

(2)腾空后身体保持正直,到达一定高度后,双手收到身体两侧,双腿并拢夹紧,身体保持一条直线,向左(右)转一周;

(3)双手打开,双臂向上伸直,夹住耳侧,两腿伸直,准备落地;

(4)在脚接触网面的同时屈膝落地,准备借助网的弹性进行下一个动作。

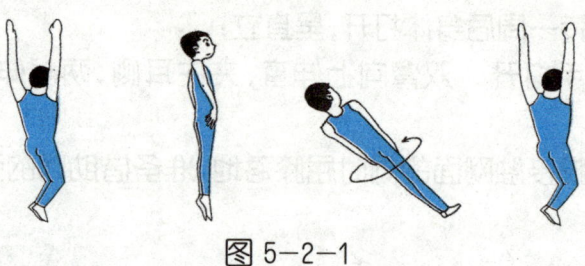

图 5-2-1

第三节 网上规定动作

网上规定动作包括分腿跳、团身跳、屈身跳和科萨克跳等。

一、分腿跳

分腿跳的动作方法(见图5-3-1)是：

起跳后双腿向两侧打开,脚尖伸直,上身向两腿贴近,双手伸向脚尖。

图 5-3-1

二、团身跳

团身跳的动作方法(见图 5-3-2)是:
起跳后双腿屈膝,膝关节尽量贴近胸部,双手抱紧小腿外侧,脚面绷直,脚尖向下。

图 5-3-2

三、屈身跳

屈身跳的动作方法(见图 5-3-3)是:
起跳后双腿向前抬平,上身贴向双腿,脚面绷直,双手抱住小腿。

图 5-3-3

四、科萨克跳

科萨克跳的动作方法（见图 5-3-4）是：

起跳后左腿向前抬平，右腿大腿向前抬平，小腿向后弯曲与大腿夹紧，双脚脚面绷直，两膝关节夹紧，上体贴向大腿，两臂侧平举。

图 5-3-4

第六章 蹦床比赛规则

　　合理的比赛程序是比赛顺利进行的前提条件，正确的裁判工作是比赛公平、公正的基本保障。了解比赛规则的相关知识，能够使观众更全面、更深入地欣赏比赛，同时又能使选手游刃有余地进行比赛。

第一节 程序

蹦床运动在长期的发展过程中,已经形成了一套完整的比赛程序。

一、参赛办法

参加蹦床比赛首先要进行报名,报名后经过资格审查才能有机会参加比赛。

二、比赛方法

(1)选手到检录处检录。
(2)裁判员入场。
(3)选手进入场地,提交检录名单。
(4)开始比赛。
(5)选手完成整套动作后,裁判员进行评分。

第二节 裁判

裁判工作是比赛顺利进行的基本保障,了解裁判工作的相关知识,有助于观众更加深入地欣赏比赛,也有助于选手充分发挥自

己的技术水平,取得好的成绩。

一、裁判员

裁判组由1名裁判长、5名评判"B"分的技术裁判员和2名评判"A"分的难度裁判员组成。一套动作的最后得分等于1A+3B。

二、评分

(一)比赛要点

比赛中选手要完成3套动作,每套由10个动作组成。全套动作应具有节奏性的连接和变换,中间没有停顿和中间(直体)跳,动作中不能有重复。

(二)评分

(1)一套动作中不应出现重复的动作,每重复1次,扣1分;
(2)整套动作结束时,选手双脚必须有控制地落在网上,并保持上体正直的姿势结束,否则按规则扣分;
(3)比赛中,由于动作姿势欠佳,每个动作扣0.1~0.5分;
(4)单手或双手触网,扣0.4分;
(5)双膝、双手触网、坐网、趴网或后躺触网,扣0.6分;
(6)触及弹簧、护垫、蹦床框架或安全台部位,扣0.6分;

（7）落在或摔倒在弹簧、垫子、蹦床框架或安全台、保护垫上，扣0.8分；

（8）落出或摔倒弹出蹦床，扣1分；

（9）比赛中，保护人员或教练员与选手讲话或给予暗示，每次扣0.3分；

（10）在一套动作中，每出现1次中间跳，扣1分；

（11）附加动作，扣1分；

（12）超过规定时间，扣0.1～0.3分。

艺术体操

第七章 艺术体操概述

　　艺术体操又称为韵律体操，是一项新型的女子竞技体育项目，同时也是奥运会比赛项目。这项运动既有极强的体育竞技性，又具有独特的艺术性和观赏性，它将美妙动听的音乐、矫健的身体动作和高超的器械动作有机地组合起来，充满动感，富有活力。

第一节 起源与发展

艺术体操是一项充分体现自然美与协调美的女子体操运动。它是在音乐伴奏下，结合舞蹈动作，徒手或手持轻器械进行的。

一、起源

艺术体操又称韵律体操。19世纪末，欧洲出现了音乐伴奏的各种身体动作练习。20世纪初，瑞士日内瓦音乐学院教师雅克·达尔克罗兹将身体练习与音乐结合起来，创编了韵律体操，并将其从最初的徒手形式发展为使用轻器械的形式。

二、发展

20世纪40年代，艺术体操由欧洲传入美洲和大洋洲。50年代，在苏联及东欧各国得到广泛开展，逐步发展成为一项竞技运动项目。

20世纪60年代，国际体操联合会把艺术体操定为独立的女子竞赛项目。1963年，第1届世界艺术体操锦标赛在匈牙利的布达佩斯举行。此后，这项比赛每两年举行一次。

20世纪80年代初，国际体操联合会正式批准将艺术体操列入

奥林匹克运动会的竞赛项目。此后,艺术体操受到世界体育界的重视。

艺术体操在中国开展的时间不长,仍属一项新兴的运动项目。1978年,中国邀请了加拿大、朝鲜、日本和西班牙等国的艺术体操代表团来华表演比赛。20世纪80年代初,中国艺术体操队参加了第10届世界艺术体操锦标赛,第一次登上了国际体坛,并在比赛中取得了第16名的成绩。

随着中国体育事业的迅速发展,艺术体操也得到了进一步的普及,特别是通过1982年全国大学生运动会艺术体操比赛的推动,中国的艺术体操运动正在蓬勃发展。

第二节 特点与价值

艺术体操是一项倡导美的运动,具有很高的艺术魅力,给人以美的享受。

一、特点

(一)女子独有的运动项目

艺术体操节奏明快,动作优美,是适合现代女子开展的运动项目。

女子脊柱韧带的弹性较好,身体有较好的曲线和柔韧性,关节韧带较松弛,加上脂肪较厚、肌肉圆滑、身体丰满,使她们在练习时能够做出优美的动作。

在心理方面,女子喜爱柔和、优美、韵律性强的动作,也善于表达自己的感情,对动作的处理富于美感,也更为细腻,因而能够充分把握并展现艺术体操的艺术美。

(二)"美"是艺术体操的一切

艺术体操具有极强的艺术性,它的本质特征就是美。艺术体操如果失去了美,也就失去了一切。在艺术体操的练习中,女子要通过自己的躯体动作,并配合音乐来表现艺术的魅力,从而给人以美的享受。

(三)艺术体操具有群众性

一般性的艺术体操不受人数、年龄、器械和场地的限制,个人、集体都可以做,在地毯、地板上都可以练习,运动量由自己控制,可大可小。

二、价值

(一)提高审美能力

艺术体操是一项以优美为本质特征的运动,以美为中心,以躯体动作为基础,同时配以悦耳动听的音乐,无论是观看还是参加艺术体操,都能提高人们的审美能力。

(二)增强体质

艺术体操的练习内容丰富多彩,有把杆的各种动作、徒手动作和各种轻器械动作,节奏也有快有慢,这有利于全身参与运动,增强练习者的体质。

(三)塑造优美体形

艺术体操以其自身的功能,使得练习者在练习时一边享受运动的快乐,一边通过活动身体的各个部位来塑造自己的体形。

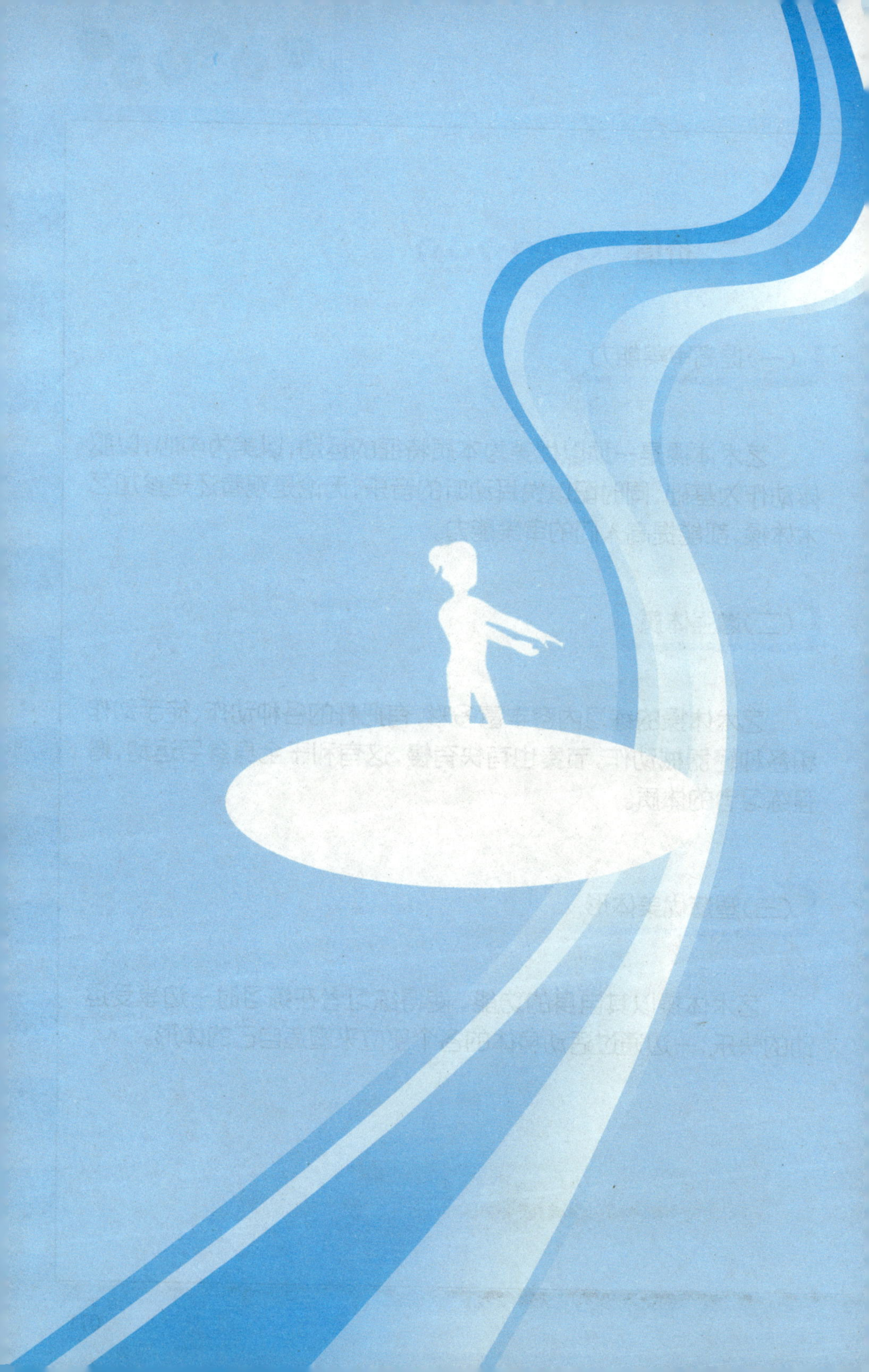

第八章 艺体体操场地、器材和装备

　　艺术体操形式多样、内容丰富,具有很强的观赏性和艺术性。在专业比赛中,这项运动对场地、器材和装备都有很高的要求,高质量的场地是艺术操运动开展的前提条件,而良好的器材和装备是运动参与者高水平发挥的必要保证。

第一节 场地

一般情况下，初学者可以在空地或家里的地板上进行艺术体操练习。但是，高水平的艺术体操运动最好在体操房的正规场地上进行，这样可以在练习中体验比赛的感觉，还可以避免运动损伤的发生。

一、规格

场地长12米、宽12米。

二、设施

（1）场地周围至少有1米宽的安全区，如果比赛在台上进行，此安全区须有2米宽；

（2）应该有两块场地供运动员使用，一块铺地毯，另一块不铺地毯，运动员有权选择其中的一块。

第二节 器材

艺术体操是一项综合性体育运动，器材的种类繁多，主要包括绳、棒、球、圈和带等。

一、绳

（1）采用麻或合成纤维制成，可染成除金、银、铜以外的其他颜色；

（2）两端有小结头，中段可缠布条或胶布，长短与运动员身高相同（见图8-2-1）。

图 8-2-1

二、棒

（1）采用木材或合成材料制成，可染成除金、银、铜以外的其他颜色；

（2）重150克以上，全长40～50厘米，形状如瓶，粗端为体，顶端为头，细端为颈。

三、球

（1）采用橡胶或软塑料制成，可选用除金、银、铜以外的其他颜色；

（2）直径18～20厘米，重400克以上（见图8-2-2）。

图 8-2-2

四、圈

（1）采用木材或塑料制成，可染成或选用除金、银、铜以外的其他颜色；

（2）内径 80~90 厘米，重 300 克以上，横断面可以是圆形、方形和椭圆形等（见图 8-2-3）。

图 8-2-3

五、带

（1）带由棍和尼龙绳或其他材质的带子构成，可选用除金、银、铜以外的其他颜色；

（2）棍可采用木、竹、塑料或玻璃纤维等材料制成；带子可采用缎或类似材料制作；

（3）棍长 50～60 厘米，直径不超过 1 厘米，一端有金属环，与带子相连；

（4）带子长 6 米，宽 4～6 厘米，重 35 克以上（见图 8-2-4）。

图 8-2-4

第三节 装备

初学者在练习艺术体操时最好穿专门的艺术体操服和体操鞋，这样既有利于动作的练习和美感，培养练习兴趣，同时又可避免不必要的运动损伤。

一、个人比赛装备

（一）服装

（1）体操服要端正，不能透明，可以带袖或不带袖；

(2)背带式体操服不允许使用；
(3)体操服上不允许有闪光片、饰带、花等任何装饰品。

(二)鞋

赤脚或穿体操鞋。

二、团体比赛装备

(一)服装

体操服要端正，不能透明，全队统一样式和颜色。

(二)鞋

赤脚或穿体操鞋。

第九章 艺体体操基本技术

艺术体操是一项具有高度艺术性的综合性体育项目，练习者借助不同的器材来展现运动美。基本技术包括徒手练习、把杆动作、徒手动作、球操、圈操、带操和绳操等。

第一节 徒手练习

徒手练习是学习艺术体操的基础，通过徒手动作的训练，不但能够掌握各类身体动作的技术方法，培养艺术体操的专项意识，发展专项身体素质，而且还能够有效地完成各种复杂动作练习和持轻器械练习。徒手练习包括身体方位、脚位、头位、手臂位和动作组合。

一、身体方位

初学者学习艺术体操徒手动作，首先要有明确的身体方位。一般以自身为基点，以身体所对的方向为正前方，依次每向右转45°为一个方向，共分8个方向，即1～8点（见图9-1-1）。

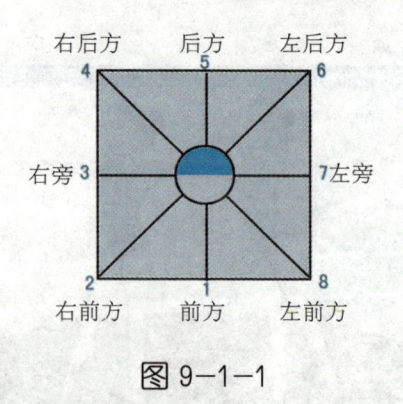

图 9-1-1

二、脚位

在徒手的基本训练中，脚的位置是否准确、到位，直接影响到

身体的姿态和技术的准确性，初学者应了解每一个位置上两脚的角度和距离，而且每一个脚位练习都要做到全脚掌着地、收腹收臀、挺胸立腰、重心落于两脚上。在艺术体操练习中，常用的脚位是古典舞脚位和芭蕾舞脚位。

（一）古典舞脚位

常用的古典舞脚位有正步、八字步、大八字步和丁字步等（见图 9-1-2）。

1. 正步

身体面对 1 点，目视 1 点，脚尖向正前方，双脚并拢，重心在两腿上。

2. 八字步

两脚跟并拢，两脚尖相距约一脚长，脚尖各向左右斜前方，重心在两脚上，目视 1 点。

3. 大八字步

两脚的方位与八字步相同，但两脚跟相距约一脚长，重心在两脚中间。

4. 丁字步

身体面对 2 点，右脚在前，左脚尖对 8 点，右脚尖对 2 点，右脚跟与左脚内侧中部相靠，呈"丁"字形，身体重心在两脚上，目视 1、2 点之间。

（二）芭蕾舞脚位

常用的芭蕾舞脚位有一位、二位、三位、四位和五位（见图

9-1-3)。

1．一位

身体面对1点，两脚跟并拢，两只脚呈一直线，脚尖各向左右两侧，两腿伸直，腿部肌肉收紧，身体重心在两脚上，目视1点。

2．二位

两脚开立，两脚跟相距约一脚长，脚尖向两侧，两脚呈一直线，重心在两脚中间。

3．三位

两脚垂直相交站立，脚尖向两侧，两脚后半脚前后相叠。

4．四位

两脚前后平行，脚尖向两侧，前后距离一脚长，重心在两脚中间。

5．五位

动作同四位（三位），脚尖向两侧，但两脚全脚相叠，两腿伸直夹紧。

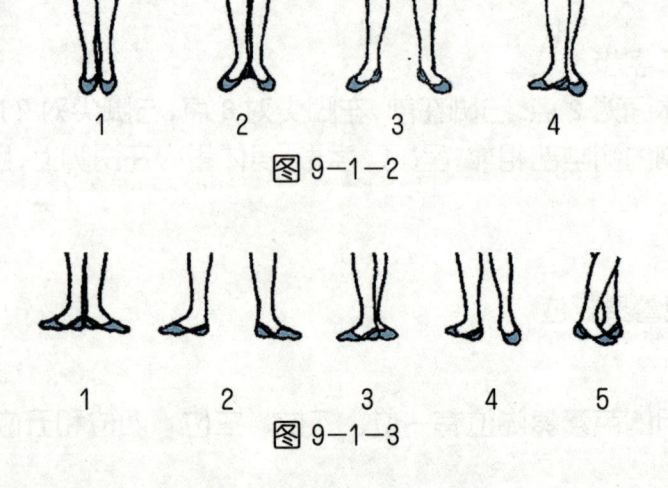

图 9-1-2

图 9-1-3

三、头位

头的位置如果配合得协调灵活，动作就会显得富有生机、优美；相反，头位如果不正确，动作就会不协调。做头位练习时，上体要正直，颈部要自然放松。在艺术体操练习中，基本头位有10种（见图9-1-4）：

1. 正头

颈部自然放松挺直，目视1点。

2. 仰头

颈沿额状轴后屈。

3. 低头

颈沿额状轴前屈。

4. 转头

颈沿垂直轴左（右）转动。

5. 偏头

颈沿矢状轴侧屈。

6. 偏转头

颈沿矢状轴侧屈，沿垂直轴左（右）转，最后目视8点（2点）。

7. 低转头

颈沿额状轴前屈，沿垂直轴左（右）转，最后目视7点（3点）。

8. 仰转头

颈沿额状轴后屈，沿垂直轴左（右）转，最后目视7点（3点）。

9. 偏仰转头

颈沿矢状轴侧屈，沿垂直轴左（右）转，同时沿额状轴后屈，最后目视6点（4点）。

10.偏低转头

颈沿矢状轴侧屈,沿垂直轴左(右)转,同时沿额状轴前屈,最后目视6点(4点)。

图9-1-4

四、手臂位

手臂位简单说就是手的摆放有不同的位置,手臂基本位置(见图9-1-5)有:

1.一位

两臂呈弧形,下垂于体前,掌心向上。

2.二位

两臂斜前平举(比前平举略低些),掌心向内。

3.三位

两臂上举(略偏前),掌心向内、向下。

4.四位

一臂前平举,另一臂上举。

5.五位
一臂侧平举,另一臂上举。
6.六位
一臂侧平举,另一臂前平举。
7.七位
两臂侧平举,掌心向前,略低于肩。

图 9-1-5

五、动作组合

手位练习组合(2×8 拍)(见图 9-1-6)
1.预备
身对 8 点,手臂一位,左脚向前五位站立。
2.第一个八拍
(1)一拍,左脚擦地前出一步,右腿半蹲,两臂摆至二位,脚尖点地,重心落在右脚上,上体略向右侧屈;
(2)二拍,右臂上举,左臂侧摆呈五位,同时重心移至左脚,目视前方;

（3）三拍，右臂向侧落成七位，同时重心移至右脚；

（4）四拍，左臂上举，右臂前摆呈四位，同时右腿半蹲，头向右倒，目视左前方，上体略向左转；

（5）五至八拍，原地不动。

3. 第二个八拍

（1）一拍，左臂下落呈二位，重心前移至左脚；

（2）二拍，右臂向侧摆呈六位，同时右腿经屈膝向前一步，重心前移至右脚；

（3）三拍，左臂向侧摆呈七位，同时重心后移至左脚；

（4）四拍，两臂上举呈三位，同时左腿半蹲，头向左倒，目视右前方，上体略向右转；

（5）五至六拍，不动；

（6）七至八拍，身体向左转90°，左脚并于右脚后呈五位，同时两臂下落呈一位，右脚向前一步。

预备姿势　　1　　2　　3　　4

第一个八拍

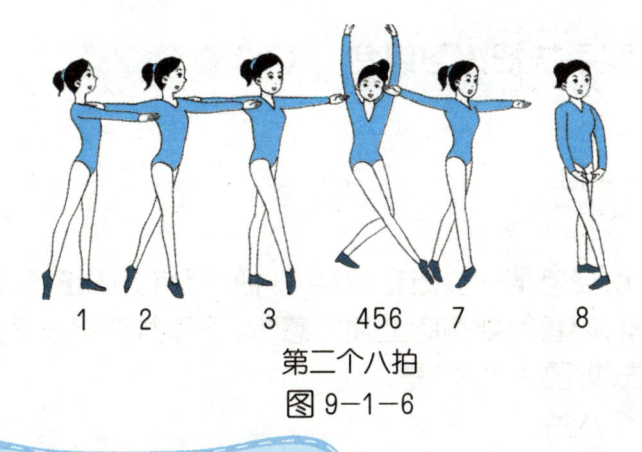

1　　2　　3　　456　　7　　　8

第二个八拍

图 9-1-6

第二节 把杆动作

把杆练习就是扶持把杆进行徒手练习，它有助于发展下肢及躯干的柔韧性、协调性和力量，提高平衡能力。扶把的方法有双手扶把和单手扶把两种（见图 9-2-1）。双手扶把要求面向把杆，身体距把杆约一脚，两手轻轻放在把杆上，手腕放松，与肩同宽，肘下垂，两肩放松；单手扶把要求侧向把杆，内侧手于身体略前方轻放在侧面的把杆上，另一臂按具体要求摆动。

双手扶把　　　　　　单手扶把

图 9-2-1

一、双手扶把练习组合

(一)蹲(3×8拍)

蹲的准备姿势是一位站立,双手扶把,保持上体正直,两腿外开,臀部收紧,起直时要有向上顶的感觉,下蹲时有被迫下蹲的感觉,动作方法(见图9-2-2)是:

1. 第一个八拍

一至二拍,半蹲;三至四拍,起立;五至八拍,同一至四拍。

2. 第二个八拍

一至四拍,全蹲;五至八拍,起立。第八拍后半拍一脚侧伸,呈二位站立。

3. 第三个八拍

一至二拍,半蹲;三至四拍,起立;五至八拍,同一至四拍。

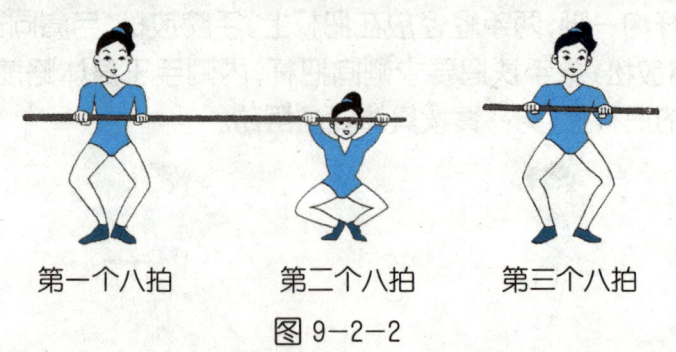

第一个八拍　　　第二个八拍　　　第三个八拍

图9-2-2

(二)五位擦地(3×8拍)

五位擦地的准备姿势是五位站立,双手扶把,擦开时全脚掌沿

地面用力擦出,至脚尖点地,然后脚掌紧贴地面收回,练习时要身体正直,收腹立腰,动作方法(见图9-2-3)是:

1. 第一个八拍

一拍,脚向前擦出;二拍,将脚收回呈五位;三拍,同一拍;四拍,同二拍;五至八拍,同一至四拍。

2. 第二个八拍

一拍,脚向左擦出;二拍,将脚收回呈五位;三拍,同一拍;四拍,同二拍;五至八拍,同一至四拍。

3. 第三个八拍:

一拍,脚向后擦出;二拍,将脚收回呈五位;三拍,同一拍;四拍,同二拍;五至八拍,同一至四拍。

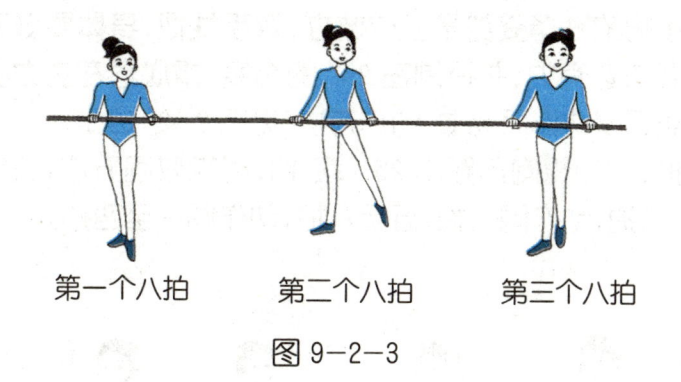

第一个八拍　　　第二个八拍　　　第三个八拍

图9-2-3

(三)画圆(1×4拍)

画圆的准备姿势是一位站立,双手扶把,练习时要注意重心腿要划到极点,髋要正直,动作方法(见图9-2-4)是:

一拍,半蹲;二拍,重心腿向前擦点地;三拍,动力腿向内侧划圈;四拍,动力腿向后划圈至后点地,同时支撑腿伸直。

089

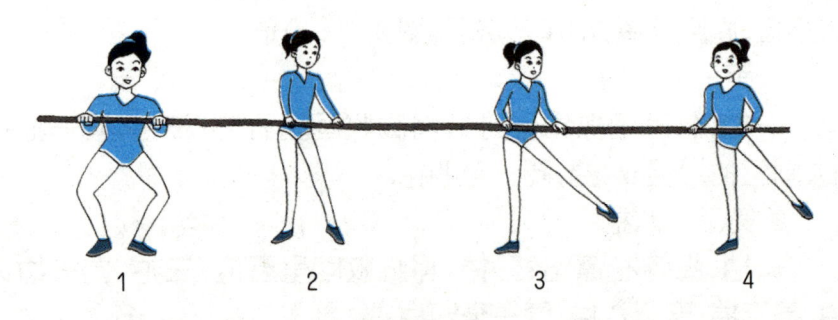

图 9-2-4

(四)小踢腿(1×8拍)

小踢腿的准备姿势是五位站立,双手扶把,身体要挺直,动力腿踢时要快速有力,并控制在 25°的高度,重心落在主力腿上,身体不能随踢腿动作而晃动,动作方法(见图 9-2-5)是:

一拍,动力腿向前踢出 25°;二拍,将脚收回五位;三拍,动作同一拍;四拍,动作同二拍;五至八拍,动作同一至四拍。

图 9-2-5

二、单手扶把练习组合

双手扶把难度较低,适合初学者练习,单手扶把难度较高,增加了一些姿态和协调练习,适合有一定基础者练习。

蹲(5×8拍)

蹲的准备姿势是七位手臂位,一位站立,动作方法(见图9-2-6)是:

1. 第一个八拍

一至二拍,身体半蹲;三至四拍,起立;五至八拍,动作同一至四拍。

2. 第二个八拍

一至四拍,半蹲;五至八拍,手臂经二位摆至七位,起立。

3. 第三个八拍

同第二个八拍。

4. 第四个八拍

同第一个八拍。

5. 第五个八拍

同第二个八拍。

第一个八拍

第二个八拍

图 9-2-6

第三节 徒手动作

艺术体操的徒手动作是比赛的基础,包括基本步法、常用动作、波浪动作、转体动作、弹性动作和放松练习几个部分。

一、基本步法

(一)柔软步(1×4拍)

柔软步的准备姿势是自然站立,呈八字步,动作方法(见图9-3-1)是:

一拍,两臂自然摆成右臂前下举,左腿略前举,重心在右脚上;二拍,两臂自然摆至体侧下垂,左脚柔软地从脚尖过渡到全脚掌落

地,脚尖略向外,右腿略屈,重心移至左脚上;三至四拍,同一至二拍,换右脚。

预备姿势　　1　　2　　3　　4

图 9-3-1

(二)柔软步跑(1×2拍)

柔软步跑准备姿势是两臂略屈,两脚起跟立,重心略向前倾,动作方法(见图 9-3-2)是:

一拍,利用两脚蹬地的弹性,脚尖绷直,左腿自然迈出,经腾空柔和地伸直膝盖,由前脚掌过渡到全脚掌落地,重心随之前移,两臂自然小摆动,右臂在前,左臂在后;二拍,同一拍,换右脚。

预备姿势　　1　　2

图 9-3-2

(三)足尖步(1×2拍)

足尖步的准备姿势是两手叉腰,两脚起跟立,动作方法(见图 9-3-3)是:

一拍,收腹立腰,上体保持正直,脚跟提起,左脚绷直向前一小步,从足尖过渡到前脚掌着地;二拍,同一拍,换右脚。

预备姿势　　　　　　1　　　　　　2

图 9-3-3

(四)弹簧步(1×2拍)

弹簧步的准备姿势是两臂自然下垂,两脚起跟立,动作方法(见图 9-3-4)是:

一拍,左脚向前一步,柔软地从脚尖过渡到全脚掌着地,同时略屈膝,重心在左脚上,右腿在后自然弯曲,两臂自然摆动,右臂在前,左臂在后;二拍,膝踝伸直,脚向外,两臂自然交换摆,左腿柔和并充分起跟,同时右腿前下举。

预备姿势　　　　1　　　　　2　　　　　3

图 9-3-4

(五)滚动步(1×2拍)

滚动步的准备姿势是正步站立,两手叉腰,左肩向前,抬头、挺胸,上体略向右转,动作方法(见图9-3-5)是:

一拍,左腿略向前抬膝,脚尖垂直触地于支撑脚前,支撑腿伸直;二拍,左脚从脚尖过渡到全脚掌落地,右腿略向前抬膝,脚面绷直,脚尖垂直触地于左脚前,同时重心柔和地移至左腿。

预备姿势　　　　1　　　　　　2

图 9-3-5

(六)华尔兹步(1×3拍)

华尔兹步的准备姿势是七位手,左脚前点地站立,动作方法

095

(见图 9-3-6)是：

一拍，左脚向前做一个柔软步，落地时略屈膝，重心移至左脚；二拍，右脚向前做一个足尖步；三拍，左脚向前做一个足尖步，左臂完成一个侧波浪。

预备姿势　　1　　2　　3

图 9-3-6

(七)变换步(1×2拍)

变换步的准备姿势是七位手，起跟站立，动作方法（见图 9-3-7）是：

一拍，上半拍左脚向前做柔软步，两臂呈侧弧形下摆，重心移至左脚上；下半拍右脚向前，与左脚呈八字步，手臂呈一位；二拍，左脚再向前做一柔软步，右脚后点地，脚面向外，重心移至左脚，同时右臂弧形摆至前平举，左臂弧形摆至侧举。

预备姿势　　1　　2

图 9-3-7

（八）跑步跳（1×2 拍）

跑步跳的准备姿势是七手位，自然站立，动作方法（见图 9-3-8）是：

一拍，上半拍左脚向前跑一小步然后落地，下半拍左脚跳起，右脚屈膝前举，同时两臂自然摆，呈左臂上举，右臂后斜下举；二拍，动作与一拍相同。

预备姿势　　　　　　　　　　1

图 9-3-8

二、常用动作

（一）交换腿大跨跳

交换腿大跨跳的动作方法（见图 9-3-9）是：

（1）两臂侧举，两脚起跟立；

（2）左脚向前做卡洛泼步（俗称并步跳），接着左脚上步蹬地起跳，右腿向前上方跨出，接近最高点时两腿快速前后交换摆动；

（3）左腿落地，右腿后举，同时两臂摆至右臂前举，左臂侧举。

图 9-3-9

(二)踹燕

踹燕的动作方法(见图 9-3-10)是：

(1)两臂上举，两脚起跟立；

(2)右腿起跟立，左腿前踢至上举，上体向后弯，同时两臂经前向后绕，重心落在右脚上。

图 9-3-10

(三)鹿跳

鹿跳的动作方法(见图 9-3-11)是：

(1)两臂侧举，两脚起跟立，左脚向前做卡洛泼步接一投身跳；

(2)两脚同时起跳,左腿屈膝,右腿后踢屈膝,上体后屈,同时两臂摆至右臂前举,左臂上举,呈鹿跳。

图 9-3-11

(四)侧跨跳

侧跨跳的动作方法(见图 9-3-12)是:
(1)两臂侧举,两脚起跟立;
(2)右脚向右做侧卡洛泼步,接着右脚向右上一步蹬地起跳,同时向右转体 180°,左腿向左上侧方跨出;
(3)落地时,左脚略屈膝,右腿下落呈侧屈。

图 9-3-12

（五）单腿脚转 360°

单腿脚转 360°的动作方法（见图 9-3-13）是：
（1）两臂侧举，两脚起跟立；
（2）左脚向前做卡洛泼步，接着左脚向前一步蹬地起跳，右腿向左前上方踢，踢腿时两腿伸直；
（3）同时左转头，向左摆臂至三位，带动身体向左转体 360 度，左脚落地。

图 9-3-13

（六）结环跳

结环跳的动作方法（见图 9-3-14）是：
（1）两臂侧举，两脚起跟立；
（2）左脚向前做卡洛泼步接一投身跳，双腿同时起跳，右腿后踢过头，上体后屈，同时两臂前摆至上举，呈接环跳。

图 9-3-14

三、波浪动作

(一)手臂波浪

手臂波浪的动作方法(见图 9-3-15)是:
(1)两臂侧平举,由肩开始带动上臂、前臂和手部的肌肉依次用力,使肘、腕和手指各关节依次略屈;
(2)然后以同样顺序用力,使各部分还原成平伸时的状态。

图 9-3-15

(二)身体波浪

身体波浪的动作方法(见图 9-3-16)是:

(1)身体前波浪,由两臂前举开始,半蹲,含胸低头;

(2)从膝、髋、腹、胸、颈各关节依次向前上方挺伸抬头,两臂弧形摆至斜上举;

(3)躯干波浪,由髋、腰、胸到颈椎各关节依次挺伸,也可沿相反顺序做依次含收。

图 9-3-16

四、转体动作

(一)双脚转

双脚转是以双脚支撑进行的转体,动作方法(见图 9-3-17)

是：

(1)左脚向侧上一小步,随即右脚向左侧上一小步,身体随之向左转体 180°;

(2)然后右脚跟向右转,左脚撤至右脚旁,身体继续向左转体 180°。

图 9-3-17

(二)单脚转

单脚转是以单脚支撑进行的转体,动作方法(见图 9-3-18)是:

左脚向侧上一小步,经半蹲提跟立,并向左转体 360°,同时右腿后举,右臂由七位经二位摆至七位,左臂三位。

图 9-3-18

五、弹性动作

(一)腕关节弹性练习

腕关节弹性练习的动作方法(见图9-3-19)是:
(1)两臂前举,右手向上立腕,掌心向前;
(2)左手向下屈腕,掌心向后,手指相对,做有力而柔和的上、下交替立腕,屈腕弹动。

图 9-3-19

(二)肘关节弹性练习

肘关节弹性练习的动作方法(见图9-3-20)是:
(1)两臂侧举,肘、腕关节自然侧屈,以掌心带动;
(2)迅速有力地向两侧推直臂。

图 9-3-20

(三)肩关节弹性练习

肩关节弹性练习的动作方法(见图 9-3-21)是:
(1)肩带放松,两臂上举,一臂快速有力向上伸并立即还原;
(2)然后换另一臂做,还可向侧、向下练习。

图 9-3-21

六、放松练习

(一)松弛练习组合(10×8 拍)

松弛练习组合(10×8 拍)的准备姿势是正步站立,两臂自然下垂,动作方法是:

1. 第一个八拍

一拍,右脚向右一步,右臂经体前向外绕至右侧上举;二拍,左脚向右腿后交叉点地,左臂经体前向外绕至左侧上举;三拍,右臂松弛向前落下;四拍,左臂松弛向前落下,同时屈膝含胸低头;五至八拍,同一至四拍,动作相同,方向相反。

2.第二个八拍

同第一个八拍。

3.第三个八拍

一拍,两臂前交叉摆动,右脚侧出一步,体前屈,弹动一次;二拍,两臂向外摆动,上体再弹动一次;三拍,两臂前交叉摆动,上体再弹动一次;四拍,两臂放松侧后举,上体松弛向后弯腰;五至八拍,同一至四拍。

4.第四个八拍

同第三个八拍。

5.第五个八拍

一拍,右脚向右上一步,两臂经提前交叉向外绕至斜上举;二拍,左脚在右脚后点地,上体松弛前屈,略屈膝;三至四拍,同一至二拍,动作相同,方向相反,两臂经三位向内绕;五拍,右脚开始向后做退并步跳,两臂向上绕;六拍,左脚退一步呈右弓步,两臂继续向后绕;七拍,两臂经前绕至上举;八拍,上体松弛,向后弯腰。

6.第六个八拍

同第五个八拍。

7.第七个八拍

一至二拍,右脚向右斜45°上一步,左脚后点地略屈膝,同时上体松弛前屈,两臂下垂,含胸低头;三至四拍,左腿后退,右脚前点地,两臂向后绕,松弛下落呈斜后举,同时上体松弛向后弯腰;五至八拍,同一至四拍,动作相同,方向相反。

8.第八个八拍

同第七个八拍。

9.第九个八拍

一拍,左脚向右前45°上一步,右脚后点地,略屈膝,同时上体松弛前屈,含胸低头,左臂下垂;二拍,身体立起,左臂绕至上举,重心在两脚之间;三拍,左脚向左侧跨一步,同时身体向左转90°;四拍,右脚向左脚靠拢,左臂松弛下垂;五至八拍,同一至四拍,动作相同,方向相反。

10. 第十个八拍

同第九个八拍。

第四节 球操

球操是艺术体操中比较具有艺术含量的项目,包括握法、基本动作和常用动作等。

一、握法

初学者在学习球操动作之前,应首先了解握球的方法并反复练习,使球在手中灵活自如而不能掉下。球操的握法包括双手持球、单双手正托球和单双手反托球等。

(一)双手持球

双手持球的动作方法(见图9-4-1)是:
掌心相对,用手指和指根部位持球两侧。

图 9-4-1

(二)单双手正托球

单双手正托球的动作方法(见图 9-4-2)是:掌心向上,五指分开,托球下方。

图 9-4-2

(三)单双手反托球

单双手反托球的动作方法(见图 9-4-3)是:掌心向上,臂向内旋,托球下方。

图 9-4-3

二、基本动作

基本动作包括转动球、绕"8"字球、拍球、滚动球和抛接球等。

(一)转动球

转动球的动作方法(见图9-4-4)是：
两臂胸前平屈，掌心上下相对持球，两手依次用掌向前转动球(见图9-4-4)。

图 9-4-4

(二)绕"8"字球

绕"8"字球包括反绕和正绕。
1.反绕
反绕的动作方法(见图9-4-5)是：

右手托球,自左向右在头上水平大绕环一周,接着反托球屈肘向外小绕环一周至侧举。

2．正绕

正绕的动作方法(见图 9-4-6)是:

右臂侧举托球,肘部弯曲向内小绕环一周,呈侧举反托球,接着在头上直臂向外大绕环一周至侧举,身体要随球的绕动而转动。

图 9-4-5

图 9-4-6

（三）拍球

拍球时五指自然分开，要配合身体的弹动，包括单手拍球和两手依次拍球。

1. 单手拍球

单手拍球的动作方法（见图 9-4-7）是：

可连续拍，可变换节奏拍，也可间断拍。

2. 两手依次拍球

两手依次拍球的动作方法（见图 9-4-8）是：

可结合不同姿势进行练习。

图 9-4-7

图 9-4-8

(四)滚动球

滚动球包括向前地滚球、双臂胸前滚动球和背后从上至下滚动球。

1. 向前地滚球

向前地滚球的动作方法(见图9-4-9)是：

练习者右手正托球,手臂下垂,掌心向前,将球放下,同时用手指拨球的后上部,使球在地面沿直线向前滚动。

2. 双臂胸前滚动球

双臂胸前滚动球的动作方法(见图9-4-10)是：

双手持球放胸上,四指尖向下,用小臂带动手指的力量向上拨动球的侧部,接着两臂经后绕环至前举,手臂略靠拢,掌心向上,球借惯性向前滚动。

3. 背后从上至下滚动球

背后从上至下滚动球的动作方法(见图9-4-11)是：

双手持球放在右肩上,用手指轻轻向后拨动球的前部,球沿背向下滚动,两手在腰后接球。

图 9-4-9

图 9-4-10

图 9-4-11

(五)抛接球

抛接球包括单手抛接球和单手抛双手接球等。

1.单手抛接球

单手抛接球的动作方法(见图 9-4-12)是:

(1)练习单手向侧抛接球时,右手向左侧上方抛球,左手侧举

接球;

(2)练习单手向前抛接球时,右手向前上方抛球,右手前举接球;

(3)练习双人单手对抛接球时,两人面对面站立,用右手向对方抛球,然后单手接对方抛来的球。

2.单手抛双手接球

单手抛双手接球的动作方法(见图 9-4-13)是:

(1)练习自抛自接时,单手向前上方抛球,接着双臂前上举接球;

(2)练习对抛对接时,两人面对面站立,用单手向对方抛球,同时用单手或双手接对方抛来的球。

图 9-4-12

图 9-4-13

三、常用动作

常用动作包括脚拍球、前胸臂滚动球、后背臂滚动球、脚踢球、背后从下至上滚动球和单手向后抛接球等。

(一)脚拍球

脚拍球的动作方法(见图 9-4-14)是：用一只脚的前脚掌拍击地上反弹起来的球。

图 9-4-14

(二)前胸臂滚动球

前胸臂滚动球的动作方法(见图 9-4-15)是:右手侧上举托球,手指轻拨动,使球沿右臂经胸滚动至左手托球。

图 9-4-15

(三)后背臂滚动球

后背臂滚动球的动作方法(见图 9-4-16)是:左手侧上举托球,经手指拨动,使球沿臂经后背滚至右手。

图 9-4-16

(四)脚踢球

脚踢球的动作方法(见图 9-4-17)是:
用脚背向上方踢球,可原地踢,也可跨跳踢。

图 9-4-17

(五)背后从下至上滚动球

背后从下至上滚动球的动作方法(见图 9-4-18)是:
两手在腰后反托球,用小臂带动,向上拨动手指,含胸低头,两臂迅速前举,掌心向下,使球沿背经头、臂滚至手背。

图 9-4-18

（六）单手向后抛接球

单手向后抛接球的动作方法（见图 9-4-19）是：两人背对站立，向后上方抛球后，转体180°接对方抛来的球。

图 9-4-19

第五节 圈操

圈在艺术体操中属于幅度最大、变化最多的一种轻器械，其他轻器械的基本技术几乎都可以用圈来完成，如球的波动技术和弹地技术、绳的跳跃技术和棒的小绕技术等。圈操包括握法、基本动作和常用动作等。

一、握法

初学者在学习圈操的动作之前，应先了解握圈的方法并反复练习，这是学习圈操的基础。握圈有正握圈、反握圈和翻握圈等方法。

（一）正握圈

正握圈的动作方法（见图 9-5-1）是：
掌心向下。

图 9-5-1

（二）反握圈

反握圈的动作方法（见图 9-5-2）是：
掌心向上。

图 9-5-2

(三)翻握圈

翻握圈的动作方法(见图9-5-3)是：臂向内旋转，掌心翻向后上方。

图 9-5-3

二、基本动作

基本动作包括摆动圈、转动圈、沿虎口旋转圈、抛接圈、跳圈和滚圈等。

(一)摆动圈

摆动圈的动作方法(见图9-5-4)是：

单手握圈，在体前左右摆动。做摆动时，肩要放松，以肩为轴经体侧前后摆动或经腹，圈不能触地，圈面与地面垂直。

图 9-5-4

(二)转动圈

转动圈包括地面垂直转动圈、手上水平转动圈和手上垂直转动圈等。

1. 地面垂直转动圈

地面垂直转动圈的动作方法(见图9-5-5)是：

单手持圈的上部，使之垂直于地面，用手指拨动和手腕转动的力量使圈沿纵轴转动。

2. 手上水平转动圈

手上水平转动圈的动作方法(见图9-5-6)是：

单手持圈侧部侧平举，使圈面与地面垂直，用手指拨动和转动手腕的力量使圈沿横轴转动。

3. 手上垂直转动圈

手上垂直转动圈的动作方法(见图9-5-7)是：

单手持圈上部侧举，使圈面与地面垂直，用手指拨动和转动手腕及摆臂的力量，使圈沿纵轴向内或向外转动。

图9-5-5

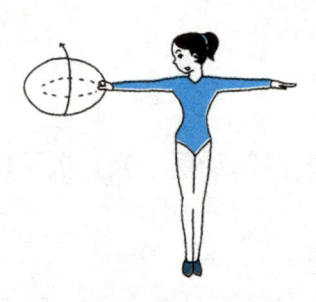

图 9-5-6

图 9-5-7

(三)沿虎口旋转圈

沿虎口旋转圈包括体前向内外旋转圈、体侧向前后旋转圈和头上水平旋转圈等。

1. 体前向内外旋转圈

体前向内外旋转圈的动作方法(见图 9-5-8)是：

左手持圈前平举,做向内或向外旋转圈,圈面与地面垂直。

2. 体侧向前后旋转圈

体侧向前后旋转圈的动作方法(见图 9-5-9)是：

右手持圈侧平举,做向前或向后的旋转圈,圈与地面垂直。

3.头上水平旋转圈

头上水平旋转圈的动作方法(见图9-5-10)是:

右手持圈上举,做向内或向外旋转圈,圈面与地面水平。

图 9-5-8

图 9-5-9

图 9-5-10

(四)抛接圈

抛接圈包括双手抛接翻转圈和单手摆动抛接圈。

1. 双手抛接翻转圈

双手抛接翻转圈的动作方法(见图 9-5-11)是:

两手持圈前平举,向上摆臂送圈,同时利用向上抖手腕的力量向内拨转圈,使圈沿横轴向内翻转,再双手接圈。

2. 单手摆动抛接圈

单手摆动抛接圈的动作方法(见图 9-5-12)是:

右手持圈从自后向前上方摆动并抛出,接住圈后顺势后摆。

图 9-5-11

图 9-5-12

(五)跳圈

跳圈包括单手前后摆圈跳进跳出和握圈跳过圈。

1. 单手前后摆圈跳进跳出

单手前后摆圈跳进跳出的动作方法(见图 9-5-13)是:

右手向后摆圈时,两脚依次跳进圈,向前回摆时,再依次跳出圈。

2. 握圈跳过圈

握圈跳过圈的动作方法(见图 9-5-14)是:

(1)双手或单手持圈,正捏或反捏,像跳绳一样向前摇或向后摇跳过圈,还可以做双摇跳过圈。

(2)双手于头上成水平,外捏圈,松手使圈落至腰间时单手持圈,向外摆圈挺身跳出。

图 9-5-13

图 9-5-14

(六)滚圈

滚圈包括经肩背滚圈、地上向前向后滚圈和地上滚来回圈等。

1. 经肩背滚圈

经肩背滚圈的动作方法(见图 9-5-15)是：

右手持圈前摆，屈肘，向后上方抖腕放手，经右肩背圈垂直向后滚圈，右臂于体后翻握接圈。

2. 地上向前向后滚圈

地上向前、向后滚动圈的动作方法(见图 9-5-16)是：

向前推动圈或向后拉圈使圈滚动,圈滚动时可在一侧做跑步、跳步,转身后用手捉住圈。

3.地上滚来回圈

地上滚来回圈的动作方法(见图9-5-17)是：

右手持圈向前摆动,圈出手时手腕及手指向后拨拉,同时用力向后带臂,使圈向前滚至极点,接着滚回。

图 9-5-15

图 9-5-16

图 9-5-17

三、常用动作

常用动作包括身体各部位旋转交换和绕"8"字圈等。

(一)身体各部位旋转交换

身体各部位旋转交换包括颈后水平旋转交换圈、膝后水平旋转交换圈和腰后水平旋转交换圈等。

1. 颈后水平旋转交换圈

颈后水平旋转交换圈的动作方法(见图 9-5-18)是:

右手握圈,掌心向上,由前经侧向后水平旋转圈,左手掌心也向上,两臂自然肩侧屈,在颈后交换握圈,继续旋转。

2.膝后水平旋转交换圈

膝后水平旋转交换圈的动作方法(见图9-5-19)是：

与颈后水平旋转交换圈的动作方法基本相同,但圈在膝后水平旋转交换时,同时半蹲提跟。

3.腰后水平旋转交换圈

腰后水平旋转交换圈的动作方法(见图9-5-20)是：

掌心向下,右手握圈,在腰后交左手握,继续旋转。

图9-5-18

图9-5-19

图 9-5-20

（二）绕"8"字圈

绕"8"字圈包括臂经腹前向左绕一周、经臂胸前滚圈和体前头上绕水平"8"字等。

1. 臂经腹前向左绕一周

臂经腹前向左绕一周的动作方法（见图 9-5-21）是：

右手握圈的内侧，侧举，掌心向后，体前肩后绕垂直"8"字，臂经腹前向左绕一周，接着向外旋臂，屈肘，腕在右肩后绕一圈，圈与地面垂直。

2. 经臂胸前滚圈

经臂胸前滚圈的动作方法（见图 9-5-22）是：

右手持圈，利用手腕向逆时针方向旋转圈的动力，使圈经右臂、前胸垂直滚动至左手握。

3. 体前头上绕水平"8"字

体前头上绕水平"8"字的动作方法（见图 9-5-23）是：

身体前屈，右手持圈水平向内绕环一周后，翻腕，翻肘，直臂在头上向后水平绕一周，圈面与地面平行。

YISHU TICAO JIBEN JISHU 艺术体操基本技术

图 9—5—21

图 9—5—22

图 9—5—23

131

第六节 带操

带,又叫彩带,它是艺术体操器械中最长、最柔软的一种器械。带的舞动给人以十分流畅、优美的感觉,在团体表演或个人比赛中总会得到比其他器械更为光彩夺目的效果。带操可培养和提高练习者的力量、灵巧性、协调性,带操包括握法和基本动作等。

一、握法

握带的动作方法(见图 9-6-1)是:
手握柄端,食指与拇指自然伸直,其他三指弯曲。

图 9-6-1

二、基本动作

基本动作包括摆动、绕环、蛇形、螺旋形和抛接等。

(一)摆动

摆动要以肩为轴,臂伸直,动作圆滑舒展,使带在空中呈弧形飘动,包括左右摆动和前后摆动。

1. 左右摆动

左右摆动的动作方法(见图 9-6-2)是:

手持柄,在头上做左右挥摆。

2. 前后摆动

前后摆动的动作方法(见图 9-6-3)是:

手持柄,经体侧向前上方挥摆,再经体侧向后挥摆。

图 9-6-2

图 9-6-3

(二)绕环

绕环是指以肩为轴在身体各面上做圆周绕环,使带在空中呈圆形的技术动作,包括水平绕环和垂直绕环。

1. 水平绕环

水平绕环的动作方法(见图 9-6-4)是:

在头上、胸前和腰下做绕环,使带的环形与地面平行,做胸前和腰下绕环时,加换握或转体。

2. 垂直绕环

垂直绕环的动作方法(见图 9-6-5)是:

在体侧做向前或向后的大绕环,在体前做向外或向内的大绕环,带的环形与地面垂直。

图 9-6-4

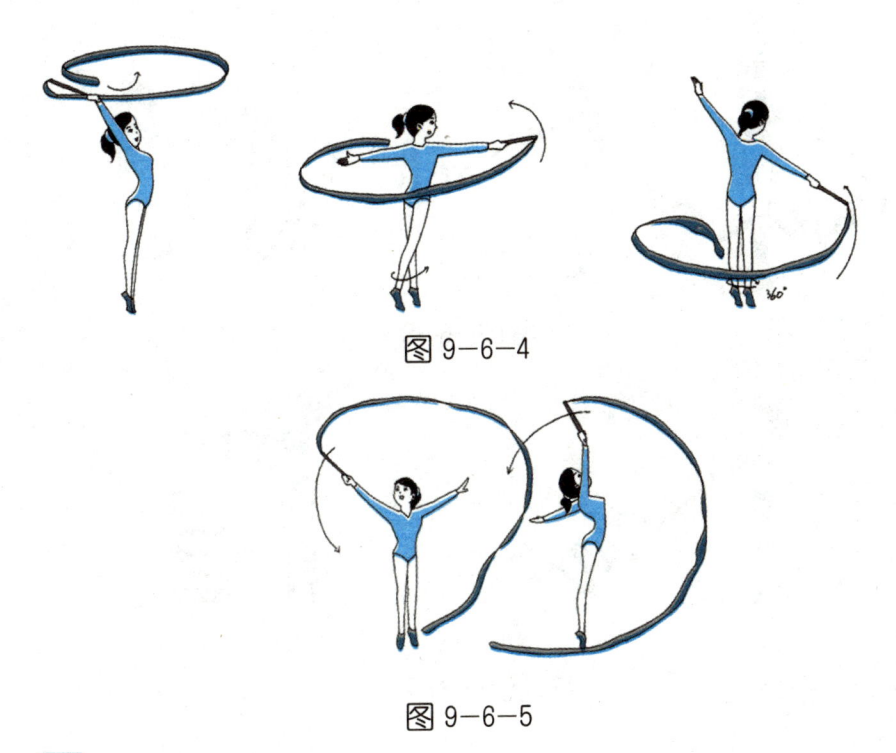

图 9-6-5

（三）蛇形

蛇形是指手腕连续做上下或左右抖动，使彩带呈蛇形的技术动作，包括垂直蛇和水平蛇等。

1. 垂直蛇

垂直蛇的动作方法（见图 9-6-6）是：

手腕连续做上下抖动，使带的蛇形与地面垂直。

2. 水平蛇

水平蛇的动作方法（见图 9-6-7）是：

手腕连续做左右抖动，使带的蛇形与地面平行。

图 9-6-6

图 9-6-7

(四)螺旋形

螺旋形是指手腕向内或向外连续做均匀的绕环,使带呈螺旋形的技术动作,包括垂直螺和水平螺等。

1. 垂直螺

垂直螺的动作方法(见图 9-6-8)是:
使彩带所呈的螺形与地面垂直。

2. 水平螺

水平螺的动作方法(见图 9-6-9)是:
使彩带所呈的螺形与地面平行。

图 9-6-8

图 9-6-9

（五）抛接

抛接的动作方法（见图 9-6-10）是：

手握柄端，使柄端朝向所抛的方向，利用摆臂、手腕和手指拨动的力量将带抛出。

图 9-6-10

第七节 绳操

跳绳是人们所熟悉和喜爱的一种身体练习项目。它可以加强对心血管系统的锻炼，提高腿部力量，还能提高协调性、速度、灵巧性、弹跳力和耐力，是一项十分有益的体育活动，更具有节奏感和优美感。绳操包括握法和基本动作等。

一、握法

握绳的方法包括一端握、两端握和多折握等。

（一）一端握

一端握的动作方法（见图 9-7-1）是：
一手握折叠处，另一手握绳端和中段，或单手握绳的一端。

图 9-7-1

(二)两端握

两端握的动作方法(见图 9-7-2)是：双手握绳的两端。

图 9-7-2

(三)多折握

多折握的动作方法(见图 9-7-3)是：单手或双手握二、三、四折绳。

图 9-7-3

二、基本动作

基本动作包括摆动、绕环、绕"8"字、跳绳和抛接等。

(一)摆动

摆动包括单双手握绳左右摆动和单双手握绳前后摆动等。

1. 单双手握绳左右摆动

单双手握绳左右摆动的动作方法(见图9-7-4)是：手持绳两端，以肩为轴做左右摆动。

2. 单双手握绳前后摆动

单双手握绳前后摆动的动作方法(见图9-7-5)是：手持绳两端，以肩为轴做前后摆动。

图 9-7-4

图 9-7-5

(二)绕环

绕环即用单手或双手握绳，以肩或肘、腕关节为轴，在身体各个面上做绕环，包括小绕环和大绕环等。

1. 小绕环

小绕环是以腕关节为轴做的各种绕环,动作方法(见图 9-7-6)是:

(1)前举向内、向外垂直小绕环;

(2)上举向外、向内水平小绕环;

(3)侧举向前、向后垂直小绕环。

2. 大绕环

大绕环是以肩为轴做的各种绕环,动作方法(见图 9-7-7)是:

(1)体前向左、向右垂直大绕环;

(2)体侧向前、向后垂直大绕环。

图 9-7-6

图 9-7-7

(三)绕"8"字

绕"8"字包括体侧左右绕"8"字和前后绕"8"字等。

1. 体侧左右绕"8"字

体侧左右绕"8"字的动作方法(见图9-7-8)是：

可向前做，也可向后做。

2. 前后绕"8"字

前后绕"8"字的动作方法(见图9-7-9)是：

绳由左侧上方开始向右做体前垂直大绕环一周，接着屈肘在体后做由左向右的垂直绕环一周，可单手做，也可双手做。

图9-7-8

图9-7-9

(四)跳绳

跳绳是以跳跃和摇绳的协调配合来完成的,包括并腿跳、依次跳、交叉摆绳跳、高抬腿交换跳、双摇跳和大跨跳等。

1. 并腿跳

并腿跳的动作方法(见图 9-7-10)是:

可向前、向后摇摆。

2. 依次跳

依次跳的动作方法(见图 9-7-11)是:

两脚依次蹬地交换跳,向前、向后都可。

3. 交叉摆绳跳

交叉摆绳跳的动作方法(见图 9-7-12)是:

两臂在体前交叉摇绳,做并腿、交叉腿等各种跳绳动作,可向前、向后摇摆。

4. 高抬腿交换跳

高抬腿交换跳的动作方法(见图 9-7-13)是:

可向前、向后摇摆。

5. 双摇跳

双摇跳的动作方法(见图 9-7-14)是:

摇绳 2 次,跳过 1 次。

6. 大跨跳

大跨跳的动作方法(见图 9-7-15)是:

两手向前摇绳,同时左脚蹬地,右腿向前大跨跳过绳。

蹦床艺术体操

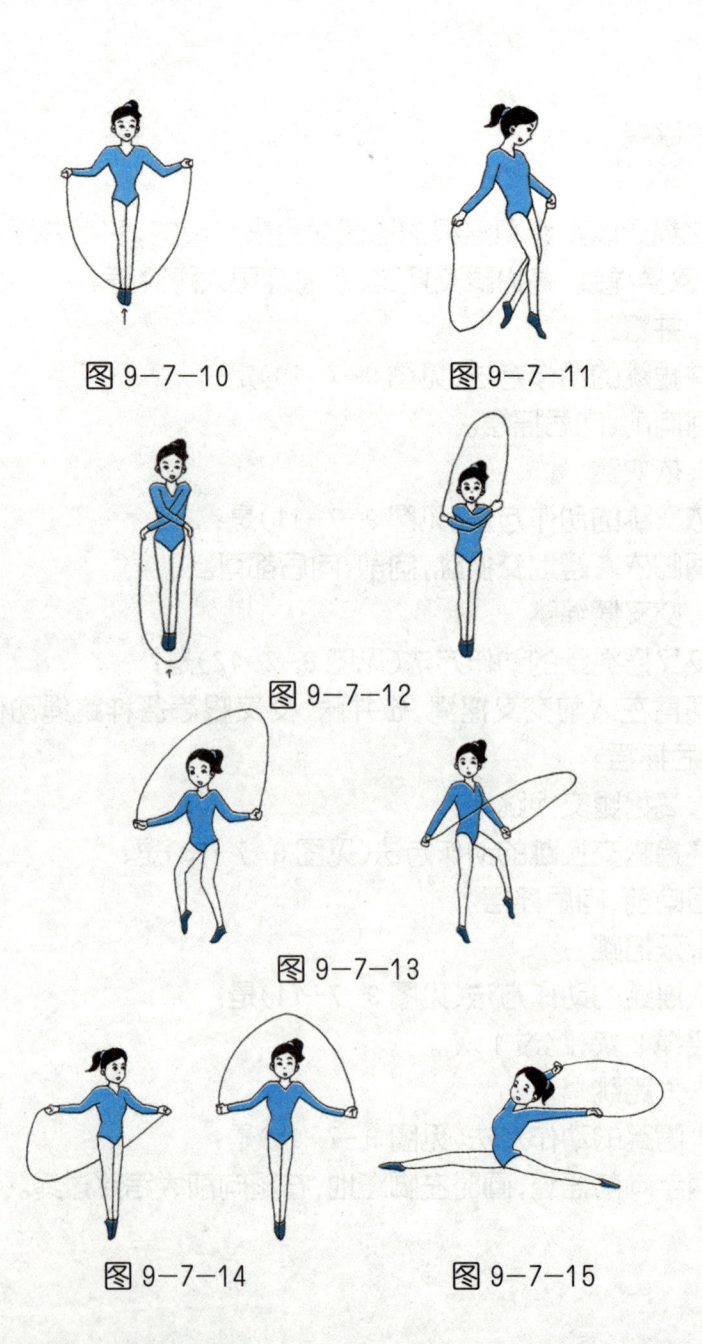

图 9-7-10

图 9-7-11

图 9-7-12

图 9-7-13

图 9-7-14

图 9-7-15

（五）抛接

抛接是指利用绕绳或摇绳所获得的惯性，将绳向所需方向抛出，然后再接住，包括单手抛单手接、双手抛双手接和单手抛双手接等。

1. 单手抛单手接

单手抛单手接的动作方法（见图 9-7-16）是：

单手持绳一头向前摆绳，再接住另一头。

2. 双手抛双手接

双手抛双手接的动作方法（见图 9-7-17）是：

双手向前摇跳，同时两手向前上方抛绳，空中绳翻转，然后双手接绳两端，也可接中段。

3. 单手抛双手接

单手抛双手接的动作方法（见图 9-7-18）是：

单手握双折绳，利用小绕环的惯性抛起，空中绳翻转，然后两手接绳的两端。

图 9-7-16

蹦床艺术体操

图 9-7-17

图 9-7-18

第十章 艺术体操比赛规则

比赛需要遵循一定的程序来开展，同时也需要必要的裁判工作来维持。合理的程序是比赛顺利进行的前提条件，正确、合理的裁判工作是比赛公平、公正的基本保障。了解比赛规则的相关知识，能够使观众更全面、更深入地欣赏比赛，同时又能使运动员游刃有余地进行比赛。

第一节 程序

目前所开展的艺术体操比赛,有绳、圈、棒和带等。艺术体操的规模比较大,程序也比较复杂。

一、参赛办法

(一)团体赛

团体赛分为预赛和决赛,每套动作时间为2分15秒至2分30秒。
1. 预赛
所有报名的团队均可参加。
2. 决赛
凡取得预赛中前八名的团队均可参加。

(二)个人赛

个人赛分为预赛和决赛,每套动作时间为1分15秒至1分30秒。
1. 预赛
所有报名的运动员均可参加。各项器械比赛顺序依次为绳、圈、球、棒、带。各项得分总和为全能成绩。
2. 单项决赛
在预赛中各项的前8名,得分在80%以上的运动员,进入单项

决赛。如第八名得分相等时,则取预赛中全能得分最高的运动员参加。将各项器械预赛的分数和单项决赛的分数相加,其总和决定各单项决赛的名次。

二、比赛方法

艺术体操比赛是由裁判员所给分数来决定比赛结果的。参赛者的分数高低,决定他能否继续参加下一轮比赛。在下一轮比赛中,参赛者要表演同一内容,以此类推,直至最后。

第二节 裁判

裁判是比赛顺利进行的基本保障,是比赛公平、公正的基础。了解裁判工作的相关知识,有助于观众更加深入地欣赏比赛,也有助于运动员充分发挥自己的技术水平,取得好的成绩。

一、裁判员

每个裁判组由两个裁判小组组成,A组为编排组,B组为完成组。其中编排组又分为A1组技术价值和A2组艺术价值。A1组评判难度的数量和水平,A2组评判艺术编排(音乐、器械的选择与使用,身体动作的选择与使用,熟练性与独创性)。

每个裁判组由一名裁判员（助理裁判员）协助工作，他将确定分差是否有效，并对出界、动作时间和其他有关纪律方面的问题（器械、体操服、入场等）进行扣分。

二、评分

（一）计时

计时表从运动员或集体队第一名运动员开始做动作时计时，当运动员或集体队的最后一名运动员完全静止时停表。超过或少于规定的时间，每秒扣 0.05 分，不足 1 秒不扣分。

（二）评分

1. 扣分

根据失误程度将给予以下扣分：
（1）小失误扣 0.05 或 0.1 分；
（2）中等失误扣 0.2 分；
（3）大失误扣 0.3 分或更多。

2.分值分配和计算

(1)A1组(技术价值):0至最多10分(用叠加法);

(2)A2组(艺术价值):0至最多10分(用叠加法);

(3)B组(完成分):0至最多10分。

最后得分的计算是将3个部分的分数相加,即:A1技术价值+A2艺术价值+B完成分,而助理裁判员的扣分只从完成分(B组)上扣分。

3.出界

个人或集体队运动员身体任何部位及器械在界外触地,每次都要扣0.1分。器械出界但没有触地者不扣分。运动员必须始终在同一块场地上完成每套动作,否则扣0.5分。

(三)违例

以下情况视为违例:

(1)比赛时进入场地的方位先后顺序出现错误;

(2)比赛时为了做出动作的完整性而出边界;

(3)动作缺少或顺序颠倒。